Viver
em
Família

José Augusto Hey • Lucinete A. N. Hey

Viver em Família

Valores e estratégias

Paulinas

Dados Internacionais de Catalogação na Publicação (CIP)
Angélica Ilacqua CRB-8/7057

Hey, José Augusto
    Viver em família: valores e estratégias / José Augusto Hey, Lucinete
Aparecida Nava Hey. -- São Paulo : Paulinas, 2023.
    88 p. (Coleção Pastoral Familiar)

    ISBN 978-65-5808-223-1

    1. Família 2. Vida cristã I. Título II. Hey, Lucinete Aparecida Nava
III. Série

23-2112   CDD 241.6

Índice para catálogo sistemático:

1. Família - Vida cristã

1ª edição - 2023

Direção-geral:	*Ágda França*
Editores responsáveis:	*Vera Ivanise Bombonatto*
	Antonio Francisco Lelo
Coordenação de revisão:	*Marina Mendonça*
Copidesque:	*Mônica Elaine G. S. da Costa*
Revisão:	*Sandra Sinzato*
Gerente de produção:	*Felício Calegaro Neto*
Capa e diagramação:	*ViewPort*
Imagem de capa:	*Aeydenphumi*

Nenhuma parte desta obra poderá ser reproduzida ou transmitida
por qualquer forma e/ou quaisquer meios (eletrônico ou mecânico,
incluindo fotocópia e gravação) ou arquivada em qualquer sistema ou
banco de dados sem permissão escrita da Editora. Direitos reservados.

Paulinas
Rua Dona Inácia Uchoa, 62
04110-020 – São Paulo – SP (Brasil)
Tel.: (11) 2125-3500
http://www.paulinas.com.br – editora@paulinas.com.br
Telemarketing e SAC: 0800-7010081
© Pia Sociedade Filhas de São Paulo – São Paulo, 2023

A Deus,
pelo dom da vida.

Aos nossos pais,
que, mesmo privados de estudo
e com condições financeiras precárias,
nos transmitiram sólidos valores e despertaram a fé.

A Dom Ricardo Hoepers,
bispo auxiliar de Brasília - DF e secretário-geral da CNBB,
amigo de longa data,
que nos brindou com o prefácio deste livro.

A nossa filha Luciane,
ao nosso genro Bruno e
a nosso neto José Eduardo;
a nosso filho Cesar Augusto,
a nossa nora Lisiane e
a nossa neta Aurora.
Os filhos nos fizeram compreender
o sentido de "ser família"
e, formando as próprias famílias,
nos presentearam com netos
para aprendermos a ser avós.

Aos muitos amigos,
cuja convivência nos impulsionou
e impulsiona ao crescimento.

Rua Dona Inácia Uchoa, 62
04110-020 – São Paulo – SP (Brasil)
Tel.: (11) 2125-3500
http://www.paulinas.com.br – editora@paulinas.com.br

Sumário

Prefácio 9

Introdução 11

CAPÍTULO I

O que é ser família? 13

Dizer "sim" 14

Acolher 17

Viver no coração um do outro 19

Ser sal e luz para o mundo 21

Orar juntos 23

Buscar a perfeição 25

Criar afinidade 27

Viver em comunhão 28

CAPÍTULO II

Valores que constroem famílias 31

Amor 32

Caridade 34

Cumplicidade 35

Diálogo 36

Empatia 38

Esperança 39

Espiritualidade 41

Fidelidade 42

Honestidade 43

Humildade 45

Liberdade 46

Perdão 47

Respeito 49

Responsabilidade...51

Solidariedade 52

CAPÍTULO III

Estratégias para construir uma família feliz 55

Amar a Deus sobre todas as coisas 56

Amar o próximo como a ti mesmo 58

Dar tempo para o casal 59

Dar tempo para os filhos 61

Alimentar pensamentos positivos 63

Praticar o bem 65

Buscar harmonia 67

Valorizar as amizades 68

Buscar momentos de lazer..69

Dar atenção às pequenas coisas 71

Usar a tecnologia com equilíbrio (mídias sociais) 72

Ajudar na realização do outro 74

Dividir tarefas 76

Valorizar a vivência da sexualidade..77

Lidar com as adversidades 79

Cristo como modelo 80

Conclusão...83

Oração à Sagrada Família 85

Prefácio

"Eu e minha casa serviremos ao Senhor."
(Josué 24,15)

Conheço demais a família que foi construída pelos autores deste livro. Por isso me senti muito honrado de poder dizer algumas palavras, mesmo que movido pela paixão e pela amizade por essa família. É muito prazeroso fazer parte desta linda obra, que pude acompanhar vendo pedra sobre pedra, tijolo sobre tijolo, paredes e janelas, desde o alicerce até a cobertura, tudo sendo construído na rocha inabalável da nossa fé: Jesus Cristo.

Na proposta de amor do Evangelho, vemos como Jesus foi criando laços de amor com sua família, seus apóstolos, seu povo e até com seus inimigos. A todos, ensinou que Deus é Pai e nós somos irmãos, isto é, constituímos uma família, e enviou o Espírito Santo para garantir a permanência desses laços de amor. Assim, todo amor brota do amor trinitário, fonte de tudo. Cada família constituída nesse amor verdadeiro, fiel e aberto à vida participa do amor divino, que nos foi dado com a prova mais sublime: "De tal modo Deus amou o mundo que deu o seu Filho Unigênito, para que, todo o que nele crer, não pereça, mas tenha a vida eterna" (João 3,16). Da fonte do amor trinitário jorra um laço infinito de misericórdia que une todos aqueles que, no mesmo amor, se doam totalmente um ao outro.

Nessa experiência de doação total, tudo toma um sentido profundo e verdadeiro; então, desse amor nasce a atração, o namoro, a convivência, a cumplicidade, a fidelidade, a honestidade, a perseverança nos propósitos, a espiritualidade, a sexualidade sadia e aberta à vida, o companheirismo, o respeito, o amor duradouro e, como diz a oração da bênção matrimonial, a possibilidade de uma vida longa, "onde possam ver os filhos de seus filhos".

Todas essas experiências dos valores mais sublimes, mais importantes e mais essenciais na participação do amor trinitário podem ser descobertas ou retomadas, em cada etapa do caminho, no itinerário do amor conjugal. Essa é a riqueza deste livro, que chega a nós como um presente que brotou do coração de uma família que foi construindo e continua a construir a sua casa, porém, com a consciência de que não está sozinha; ao contrário, tudo que faz é participação de um amor maior que já a amou primeiro.

Desejo que todos aproveitem cada um dos temas com empenho e dedicação e os apliquem concretamente em suas vidas, em suas famílias. Não se trata só de uma leitura; é muito mais que isso. Trata-se de um convite para participar de um caminho de conversão, de mudança de mentalidade e de vida para alcançar a fonte de onde emana todos os valores e cada um deles que estão destacados neste livro.

Mas, lembrem-se, uma casa não se constrói de um dia para o outro! É preciso muita calma e paciência para ir aprimorando a obra ao longo da vida. Por isso, leiam, releiam, retomem juntos a leitura e aproveitem ao máximo este material inspirado, que vai ajudar a compor muitos lares e a fortalecer muitos vínculos de amor; e, ao final, poderão dizer como Josué: "Eu e minha casa serviremos ao Senhor" (Josué 24,15).

Dom Ricardo Hoepers
Bispo auxiliar de Brasília - DF
Secretário-geral da CNBB

Introdução

"A aliança de amor e fidelidade, vivida pela Sagrada Família de Nazaré, ilumina o princípio que dá forma a cada família e a torna capaz de enfrentar melhor as vicissitudes da vida e da história. Sobre este fundamento, cada família, mesmo na sua fragilidade, pode tornar-se luz na escuridão do mundo."

(Papa Francisco, *Amoris Laetitia* 66)

O lar cristão é o lugar onde as pessoas aprendem valores que transformam a humanidade; lugar onde as pessoas aprendem a viver o amor, o perdão, o respeito e tantos outros valores que fazem do ser humano um ser melhor.

A família é uma pequena comunidade de vida onde existe convívio familiar e social. É no seio familiar que se aprendem valores que são direcionados para a vida, quais sejam: afeto, respeito, tolerância, senso de justiça, experiência de partilha, humildade e fé. O cuidado da família na transmissão desses valores deve ser constante e estar em sintonia com o projeto de Deus, ou seja, que se viva o amor.

Construir um ambiente agradável no lar é buscar novas formas de viver esses valores que transmitem vida e felicidade.

Na verdade, a maioria das famílias faz pouco, ou quase nada, para que o convívio familiar seja agradável. Não é possível existir um lar cristão sem a vivência de valores cristãos. Não é possível existir um lar feliz sem ações que valorizem o outro, que transformem comportamentos.

Mas, realmente, mudar as relações familiares não é fácil; é preciso sair da zona de conforto e comprometer-se consigo mesmo e com os outros. Necessário se faz entender que a raiz de todo comportamento humano está nas influências que se recebem no convívio familiar. A partir daí, é possível mudar os modelos mentais enraizados na família e criar estratégias para moldar novos comportamentos e agir para enfrentar os novos desafios da vida.

É na família, também, que se aprendem os valores espirituais, que são o alicerce para construir e reconstruir modelos que valorizem a vida. Além disso, a família cristã tem em sua essência a responsabilidade de dar testemunho de vivência no amor e no enfrentamento das dificuldades e dos desafios cotidianos, e, desse modo, ser exemplo para contribuir com a construção de uma sociedade mais justa, com base nos valores vivenciados numa família mais humana e feliz.

CAPÍTULO I

O que é ser família?

Em um mundo pluralista, em que os conceitos se diluem em fração de segundos, onde a cada instante surgem avanços e retrocessos, onde a busca frenética pelo prazer e pelo imediatismo parece ser a regra mais usual, será que ainda há espaço para a família, observada pela ótica do comprometimento com um projeto aberto à vida e que leve à realização de cada um de seus integrantes e à construção de relacionamentos indissolúveis, fiéis e abertos ao amor e à vida?

Inclusive, sem desconhecer ou desconsiderar todo e qualquer agregado de pessoas ou qualquer arranjo social que se possa entender ou se chamar de família, o foco aqui é demonstrar situações e chamar à reflexão para a importância de valores cristãos e atitudes que possam ser ou se constituir como diferencial na construção de um núcleo familiar mais sólido e duradouro e, em consequência, despertar o senso crítico para a importância da estrutura familiar comprometida com valores que constroem pessoas equilibradas emocionalmente.

Durante a vida, toda pessoa é instada a tomar decisões, simples ou complexas, com reflexos mais imediatos ou a longo prazo, menos comprometedoras ou com consequências mais representativas. Para muitos, esse processo se apresenta de forma natural, enquanto para outros há uma dificuldade maior, principalmente quando se vislumbram implicações mais expressivas.

Entretanto, o sim ou o não, antagônicos que são, desenhará o roteiro de uma existência com erros e acertos, mas plena; enquanto o "não decidir", por receio das consequências ou por inabilidade na tomada de decisão, se traduzirá em uma passagem sem muitos riscos, mas, também, sem emoções e, quem sabe, até sem muito sucesso.

Ademais, quando duas pessoas livremente decidem viver juntas e partilhar alegrias, tristezas, sonhos, projetos, fracassos, conquistas, tem-se o "embrião" de uma família. A consolidação se dá com a vivência do cotidiano, que, pautada pelo comprometimento de cada um e pela expressão de amor de ambos, fortalece o relacionamento e conduz à realização mútua. Por sua vez, a família se forma a partir da vivência do amor com paciência, respeito e cumplicidade, o que implica um conjunto de atitudes comportamentais, como aceitação, acolhimento, reflexão, revisão de valores, busca de crescimento e tantas outras que serão adiante abordadas. Se fundada no Matrimônio cristão, mais que em aspectos jurídicos ou de convenções sociais, faz-se presente a dimensão unitiva e criadora, transformando e valorizando a vida.

Dizer "sim"

"Portanto, deixará o homem pai e mãe e se unirá à sua mulher, e serão dois numa só carne? Assim não são mais dois, mas uma só carne."
(Mateus 19,4-6)

O primeiro passo para a construção de uma família é o "deixar". Deixar pai e mãe significa assumir a direção de sua vida sem nenhuma dependência financeira ou psicológica dos pais. O segundo passo é "unir". Unir é dizer "sim, eu aceito, eu assumo, eu acredito". Para construir uma caminhada em conjunto, duas pessoas, com conceitos de vida, formações e personalidades diferentes, necessitam dizer "sim" para a vida, mudar pensamentos e atitudes individuais ou egoístas e assumir uma postura mais altruísta, que leve a uma convivência equilibrada, a partir de propósitos comuns.

Para que o "sim" declarado no Matrimônio se transforme em relacionamento construtivo, é mister que homem e mulher aceitem suas individualidades e busquem viver em harmonia, assumindo, repensando e transformando o "sim" constantemente:

a) Dizer "sim" ao outro: no convívio do dia a dia, o casal vai aprofundando o conhecimento de um sobre o outro, suas contradições, seus defeitos, suas imperfeições e, óbvio, suas reais qualidades. A realidade pode substituir, e é bom que de fato substitua, a idealização da pessoa perfeita. A partir do "sim", intensifica-se o processo de construção do relacionamento e reafirma-se o compromisso com o crescimento mútuo. O desafio é vencer a tentação de culpar o outro por não ser o ideal que você construiu e dizer "sim" ao projeto de felicidade, a ser buscada, diariamente, respeitando-se as características reais e não imaginárias em relação ao outro;

b) Dizer "sim" à vida: homem e mulher foram criados para viver o amor e para contribuir com a obra da criação. Dizer "sim" à vida é aceitar os filhos gerados pelo Matrimônio; é assumir as próprias limitações e as limitações dos filhos; é expressar sentimentos de amor, respeito e perdão e construir relacionamentos capazes de unir famílias e transformar a sociedade à volta; é assumir a responsabilidade de fazer a diferença um para o outro e para toda a humanidade, sendo exemplo de amor e vida;

c) Dizer "sim" ao diálogo: o silêncio constante é pretensão de que o outro compreenda, sem que você abra o coração, suas angústias, medos e dificuldades. Dizer "sim" ao diálogo é falar abertamente, com sinceridade e consciência, sobre suas expectativas, planos e projetos e criar um ambiente favorável para ouvir os desejos e anseios do outro. Dizer "sim" ao diálogo é buscar comunicar, com palavras e gestos, as alegrias e as dores, é dividir as preocupações e procurar, juntos, a harmonia familiar;

d) Dizer "sim" ao amor: em muitos momentos da rotina do casal, a tristeza, a indiferença e o desamor dificultam o convívio e tornam a vida infeliz. Dizer "sim" ao amor é promover a vida, cuidar um do outro, conservar gestos de carinho e não permitir que a indiferença distancie o casal e torne o "sim" um peso para a vida a dois; é fazer com que a vivência do cotidiano seja mais leve, serena e feliz;

e) Dizer "sim" aos projetos um do outro: é aceitar que homem e mulher deixam a casa dos pais para construir um novo lar, mas levam consigo projetos pessoais e profissionais alimentados pelo que viveram até aquele momento. Dizer "sim" aos projetos um do outro é valorizar aquilo que cada um pensa em construir de futuro e, se possível, dar o suporte necessário para tal realização; mas é também construir projetos juntos, buscando ajustar sonhos e ideais em prol da realização pessoal de cada um e do casal.

Para refletir:

1) Tenho desprendimento suficiente para "deixar" minha situação atual e assumir a construção de uma nova família?

2) Tenho disposição para dizer um "sim" integrador e comprometido com projetos de amor e de vida?

Acolher

"Conserve-se entre vós a caridade fraterna.
Não vos esqueçais da hospitalidade, pela qual
alguns, sem o saber, hospedaram anjos."
(Hebreus 13,1-2)

Outro passo importante na constituição de uma família é o acolhimento. O casal se acolhe mutuamente e se compromete a acolher os filhos que vierem dessa relação, vivendo no amor e construindo um ambiente harmonioso e acolhedor. Para ser virtuoso, esse acolhimento amoroso deve ser extensivo aos familiares, vizinhos e amigos.

Entretanto, com o passar do tempo, seja por comodismo, seja, pior, por modismo, a família pode limitar-se apenas a uma reunião de pessoas, formada institucionalmente para viver em um mesmo ambiente físico. São pessoas ligadas por parentesco, sobrenome, endereço, necessidades financeiras e tantos outros interesses comuns, mas que não estão unidas pelo amor. E são tão diversos os motivos que dividem e distanciam as pessoas que, por vezes, não é sequer possível identificar onde e como houve o distanciamento; onde, como e quando o amor ficou em segundo plano.

Além disso, a tecnologia, tão importante para o desenvolvimento humano, é, também, utilizada nos ambientes familiares para a comunicação. São tantas as ferramentas tecnológicas que facilitam a interação a distância, mas que, ao mesmo tempo, distanciam e não deixam espaço para o acolhimento daqueles que estão próximos, transformando, muitas vezes, os lares em ambientes vazios e sem acolhimento. Acredita-se que a tecnologia resulte em uma pretensa aproximação das pessoas que vivem distantes, mas, por outro lado, há um distanciamento ainda maior das pessoas que vivem sob o mesmo teto. Afinal, em tempos de velocidade tecnológica não se pode perder tempo com coisas "sem importância". E, assim, deixa-se de curtir a casa, de conversar, de preparar uma refeição mais demorada, de cuidar das pessoas ao redor; enfim, deixa-se de acolher.

Logo, acolher é conservar a fraternidade e tornar o ambiente familiar aconchegante para todos; é buscar a harmonia, dedicar seu tempo, sua inteligência e seu amor para o bem coletivo; é cuidar um do outro para proporcionar segurança, estabilidade emocional, alegria e amor; que são transformados em atitudes concretas no acolhimento a outras pessoas. Acolher é atitude de amor e respeito para com o outro; é demonstrar que você se importa com a vida do outro e, assim, valoriza sua história, suas alegrias e dificuldades.

Portanto, para acolher há que se abdicar de muitas coisas, mas principalmente do comodismo, condição que impede que as pessoas dispensem horas preciosas do dia para conviver e partilhar suas vidas com os outros. Exige-se disposição para partilhar tempo, coisas materiais, escuta, carinho e amor. É preciso comprometer-se com atitudes de acolhimento e procurar construir amizades sinceras, crescer na fé, ser bons vizinhos, ajudar quem precisa, ser exemplo de vida. Desse modo, acolher é muito mais do que receber com hospitalidade os que nos procuram: é fazer-se próximo, dar atenção, respeitar as diferenças e compreender que todos fazemos parte da grande humanidade criada por Deus. Acolher é abrir a casa e o coração para o outro e, como família, dedicar-se para formar um lar fundamentado no amor.

Para refletir:

1) Estou preparado(a) para acolher integralmente o(a) outro(a)?

2) Existe algum comportamento ou conceito enraizado em mim que esteja dificultando o acolhimento?

Viver no coração um do outro

> "Esteja eu onde estiver, enquanto viver no seu coração,
> saberei sempre onde é minha casa."
>
> (Autor desconhecido)

A família é formada por pessoas identificadas por uma ancestralidade comum, um grau de parentesco ou uma relação de afetividade, e que, em maior ou menor intensidade, desenvolvem projetos de convivência próxima ou, no mínimo, se ajustam a um padrão de interação com reflexos importantes em suas vidas, as quais, por alguma relação de parentesco, seja pela filiação, seja pelo casamento, partilham um pouco de suas vidas. Em um núcleo mais restrito, é integrada por pessoas que ocupam a mesma casa, rateiam as despesas, dividem as tarefas diárias e, claro, como consequência disso tudo, não é exagero dizer que partilham suas vidas. Mas, sem qualquer conotação de pessimismo ou pretensão de julgamento de comportamentos, nota-se cada vez mais dificuldades em partilhar, dividir, integrar pessoas. Constata-se que a sociedade, em geral, e a família não é exceção, está cada vez mais individualista, e quem pensa ou age em favor do outro parece estar deslocado da média aceita pelo senso comum.

Além do mais, quando a família se fundamenta no poder, no possuir, na superficialidade, no individualismo e em futilidades, por certo não é possível construir relacionamentos verdadeiros, que levem à realização pessoal e familiar. Entretanto, quando, já no início do Matrimônio, o casal busca, de forma consciente e constante, edificar uma relação fundamentada no amor, na fidelidade e na intimidade, construirá um ambiente onde as alegrias e tristezas, vitórias e incertezas, dificuldades e sucessos serão realmente vividos e partilhados, fortalecendo a unidade, o amor e a felicidade de todos.

Inclusive, gestos e atitudes que contribuem para maior entrosamento e bem-estar dos casais fazem toda a diferença para que aprendam a viver no coração um do outro. Claro que a família partilha espaço físico, mas, muito mais do que isso, ser família é compartilhar sentimentos, sonhos, angústias e afetos. Mas, para sair de si mesmo e viver no coração um do outro, é fundamental uma interiorização que leve ao autoconhecimento e ao reconhecimento do importante papel a ser desempenhado na família e na sociedade. É preciso aprender a lidar com as próprias emoções e com as emoções do outro. É preciso compreender que não somos iguais, mas que podemos aprender a aceitar e a acolher o diferente a partir da vivência do amor. Quando decidimos diariamente permanecer juntos e partilhar a vida, vamos nos transformando e aos poucos vão crescendo sentimentos que transpassam a razão e chegam lá no fundo do coração de cada um.

Por conseguinte, viver em família é colocar-se à disposição, abrir-se para o outro, doar-se para que o outro se sinta bem. Isso não comporta insegurança, mas a certeza de ser a presença que dá proteção ao outro. Viver no coração um do outro é ter a convicção de que não existe desafio ou tristeza que não possam ser partilhados e superados pelo amor e apoio mútuo. É compreender que os conflitos surgem não para separar, mas como forma de crescimento e união. É sentir-se acolhido(a) e amado(a), não pelo que se faz, mas sim por quem se é.

Por fim, viver no coração um do outro é saber que o lugar físico de partilha é, também, o lugar de aceitação, fidelidade de vida e propósitos. É o lugar onde o amor é abundante, onde todos têm espaço, coragem e incentivo para conquistar seus sonhos, e que não é necessário provar nada, mas simplesmente viver.

Para refletir:

1) Olhando para minha família, sinceramente, vejo nela uma família que procura viver o amor?

2) Que atitudes e gestos sou capaz de realizar na busca de uma maior integração em família?

Ser sal e luz para o mundo

"Vós sois o sal da terra; vós sois a luz do mundo."

(Mateus 5,3)

Sempre se ouviu que a família é o bem mais precioso do ser humano. Afinal, é na família que se aprende a amar e a respeitar, a ajudar quando o outro precisa, a ser exemplo quando o outro não tem referência. No ambiente familiar são aprendidos valores que levamos para a vida toda. É o lugar onde cada um pode ser ele mesmo e, quando se compartilham bens materiais e, principalmente, sentimentos e emoções, onde há mais segurança e paz para todos. É o lugar onde se aprende a reconhecer o próprio valor e valorizar o outro, buscando viver e transmitir para todos o amor e a harmonia vividos no ambiente do lar.

Mas, se todos são chamados a viver no amor, por que existem tantas famílias sem alegria, sem esperança? Como tantas famílias vivem sem o gosto e o sabor da verdadeira vida? Como tantas outras se deixam destruir por falta de amor?

Destarte, o sal, tão necessário para dar sabor à comida, torna o ato de se alimentar mais agradável. Como o sal deixa a comida mais saborosa, assim também a família é chamada a dar sabor à vida dos outros, tornando o ato de viver mais harmonioso e feliz. Mas ser sal no mundo nada mais é do que fazer a sua parte para que as pessoas se sintam bem, sintam vontade de viver e conviver em sociedade. Ser sal é, portanto, incentivar para que cada um promova ações voltadas para o bem comum. É ser instrumento de amor para que outros também busquem uma vida com mais alegria, mais sabor e mais paz.

Ademais, a luz ilumina a escuridão e permite encontrar o caminho e seguir em frente. Do mesmo modo, a família precisa ser a luz que ilumina o caminho de tantos que vivem na escuridão.

Escuridão da falta de amor, do desrespeito, da violência, da indiferença e de tantas outras coisas que destroem vidas. Assim, que a luz que brilha na família sirva para iluminar o caminho de todos! Como Cristo fez-se luz para o mundo, também que cada um seja luz no ambiente em que vive. Que o exemplo de amor e vida de famílias fundamentadas no Cristo ilumine o caminho para que outras encontrem a verdadeira alegria.

Assim, ser sal e luz é o oposto de ser escuridão. É viver o amor de Cristo em sua plenitude, amando sem julgamento, perdoando sem guardar mágoa e vivendo a partilha que transforma conflitos e escuridão em caminhos de paz e luz. Quando se é sal e luz, as dificuldades não afastam Deus, ao contrário, aproximam e instigam na busca do bem. No seio familiar é que se aprende a fazer a vida do outro melhor e a levar a luz de Deus para toda a sociedade. Quanto mais próximo da luz, mais longe da escuridão; quanto mais sabor, mais agradável o convívio com os outros; quanto mais firme no amor, mais preciosa se torna a existência. Portanto, que brilhe a luz das famílias diante do mundo para dissipar as trevas e levar as maravilhas de viver no amor!

Para refletir:

1) Tenho agido de forma a ser como o "sal", isto é, buscando dar gosto à vida das pessoas que me rodeiam?

2) Em um mundo onde muitas pessoas, inclusive familiares, vivem na escuridão, tenho procurado ser "luz", isto é, tenho contribuído para que aqueles que me rodeiam encontrem seu caminho?

Orar juntos

"E se quereis conhecer Deus, não pretendais resolver enigmas. Olhai antes à vossa volta e vê-lo-eis a brincar com os vossos filhos. Olhai para o espaço e vê-lo-eis a caminhar sobre as nuvens."

(Khalil Gibran)

Existem pessoas que, consciente ou inconscientemente, preferem não conhecer a Deus, porque entendem que isso iria limitar suas ações e restringir seu modo de viver, privando-as de fazer coisas de que gostam. Para muitos, conhecer Deus ou o que ele representa para a humanidade os inibiria de se divertir, de dar vazão ao humor, e se tornariam chatos e tristes, com uma vida sem graça e monótona. Mas, na verdade, essa é uma visão equivocada de Deus. Visão de quem não sabe o que é amor e o que isso representa para a humanidade. É visão de quem, por não conhecer quem é Deus, não cria intimidade com ele.

Se, por um lado, a busca de conhecer a Deus pode criar conflito com as crenças pessoais, com a concepção de mundo e com a relação que cada um tem consigo mesmo e com o próximo, por outro, desperta a consciência da responsabilidade de se sentir filho de Deus, aumenta o sentimento de amor ao próximo e torna cada um agente de mudança na sociedade. A relação íntima com Deus estreita a relação em família e transforma o lar em lugar onde reinam o amor e o respeito mútuo. Essa intimidade com Deus, além de aproximar a família, os amigos e a comunidade, mostra o caminho para a prática do bem, da justiça e da paz. Somente a família que conhece a Deus mais profundamente pode compreender o verdadeiro sentido da vida, reavaliar atitudes e mudar comportamentos.

Além disso, Deus se revela à humanidade de muitas formas, a começar pela formação do universo e do próprio homem, criado à sua imagem e semelhança. Mas Deus continua se revelando por meio: da leitura da palavra, expressa nas Sagradas Escrituras, que mostra o caminho para viver na plenitude do bem; da oração intimista, que nos torna humildes, ou, principalmente, da oração em comunidade, que nos aproxima uns dos outros; do silêncio profundo e reflexivo, que acalma a mente e o coração e nos permite ouvir a voz de Deus; e da caridade autêntica, que nos aproxima das pessoas mais necessitadas.

A oração, portanto, é o elo entre o homem e Deus. É a forma de dialogar com o Criador que está presente na humanidade, mas nem sempre o vemos. É o momento de união e fraternidade entre os membros da família. É o momento de repensar os sentimentos mais profundos e encontrar forças para mudar comportamentos e atitudes em relação a si mesmo e aos outros, se isso for condição para uma melhor convivência. É o momento de reconhecer que pouco ou nada podemos sozinhos, mas que, como seres relacionais, nos complementamos uns aos outros e que, mais ainda, em nosso íntimo, ansiamos por nos sentir próximos de Deus. A família que cria essa intimidade com Deus e faz da oração um exercício diário não apenas conhece a Deus como também aprende a valorizar a vida, respeitar o outro, aceitar as diversidades sem julgar e condenar, amar a todos sem distinção, viver na simplicidade e ver no Cristo o caminho para a vivência em comunidade.

Para refletir:

1) Tenho o hábito de me conectar com o Criador por meio da oração?

2) Busco orar em família e estimular que todos os seus integrantes dela participem?

Buscar a perfeição

"Sede perfeitos como vosso Pai Celeste é perfeito!"
(Mateus 5,48)

O mundo tem criado muitos ídolos, especialmente por meio de mídias sociais. São muitas pessoas tentando manipular comportamentos por intermédio de seus seguidores. E vale tudo para demonstrar perfeição e para ser imitado, principalmente o apelo físico e sexual, complementado pela exposição de situações de conforto, conquista, realização e felicidade. São tantos "valores" supérfluos que estimulam a idolatria ao corpo, o individualismo, o egoísmo, o imediatismo e o amor às coisas materiais. São tantos apelos às transformações que, por vezes, acabam destruindo a essência humana de cada um.

É um grande desafio para as famílias encontrarem "modelos" em que possam se inspirar e que sejam realmente dignos de admiração. Afinal, são tantos os modelos "perfeitos" impostos pela sociedade: modelo de homem; de mulher; de vestuário; de comportamento; e tantos outros que ditam a forma de vida das pessoas. E todos esses modelos, acreditando serem perfeitos, têm a pretensão de conduzir as pessoas à perfeição. Entretanto, o que se mostra nas mídias sociais não é, necessariamente, a representação da realidade, e sim, no mais das vezes, a vazão de um incontido desejo de ostentação ou de pseudoautoafirmação. E, mesmo quando as postagens refletem o momento com relativa fidedignidade, não servem como parâmetro, pois o que parece bom e perfeito para um não é realidade para outro. Portanto, cada um deve buscar o seu melhor e, olhando para si mesmo, encontrar inspiração para a vida.

Mas o ser humano não é perfeito, ao contrário, a imperfeição faz parte do processo evolutivo de toda humanidade, ainda que pese a busca constante de técnicas e ferramentas para melhorar o mundo. Buscar perfeição nada mais é (ou deveria ser) senão buscar na essência humana e no amor de Deus ser melhor a cada dia. E ser melhor é ter consciência de que, apesar das dificuldades, as atitudes de respeito com o ser humano, com a natureza e com o ambiente constituem um diferencial importante; mesmo com as imperfeições, viver seu eu em profundidade, procurando imitar a vida e o comportamento de Cristo, compreendendo os verdadeiros valores e comprometendo-se a viver a partilha e o amor.

Nesse sentido, as famílias, mesmo sem serem perfeitas, porque, na verdade, não o são, podem transmitir valores cristãos e ser exemplo para que outras possam, também, ser melhores, vivendo na simplicidade e na fraternidade, a exemplo de Jesus Cristo; superar dificuldades e almejar a perfeição, permanecendo firmes na fé, no amor a Deus e aos irmãos; viver a partilha, o respeito e a fidelidade aos propósitos da família; comprometer-se diariamente com o outro por meio do amor doação, do diálogo, da tolerância, enfim, comprometer-se em ser melhor e tornar a vida do outro mais plena. O prêmio por buscar ser melhor é a alegria de crescer espiritualmente, não se deixar influenciar por maus exemplos e ver a família feliz e contribuindo para um mundo mais humano e voltado para o bem comum.

A expressão "sede perfeitos" é um chamado para que cada um procure, por meio da vivência do amor, ser melhor, fazendo seu melhor para o mundo. Existem muitas dificuldades pelo caminho, mas esse é um desafio que deve ser enfrentado diariamente, não imitando a "perfeição" dos outros nem procurando imitadores para si, mas mostrando que a perfeição acontece quando vivemos realmente os valores de Cristo.

Para refletir:

1) Tenho buscado ser melhor a cada dia? Como? De que maneira?

2) Transmito, por palavras ou atitudes, valores que propiciam o crescimento do outro?

Criar afinidade

> "Afinidade não tem explicação...
> Tá na mente, tá no espírito, tá no ar, no coração."
> (Elk Tyfalay)

Cada ser humano é único, seja na forma física, seja na essência interior. Ao nascer, somos criaturas livres de quaisquer influências, sejam elas boas ou más. Mas nascemos, crescemos, nos desenvolvemos e aprendemos valores, reproduzimos comportamentos e atitudes e criamos afinidades com todos aqueles com quem convivemos. No processo de formação do nosso caráter, deixamos um pouco de nós e retemos um pouco de cada um.

Quando adultos e prontos para assumir nossas responsabilidades e constituir nossa família, levamos para o novo lar tudo o que vivemos, aprendemos e somos. A partir desse novo ambiente, é preciso aprender, desenvolver novos comportamentos e criar afinidades, sem esquecer que somos diferentes. Por não compreender essas diferenças, muitas famílias vivem em constante conflito, desenvolvem agressividade, que, além de distanciar as pessoas, corrói o relacionamento familiar. São famílias que não aprenderam e não aprendem a viver e conviver com o outro, com o diferente e que, muitas vezes, são incentivadas por modelos de comportamento que conflitam ainda mais com os valores vividos no seio familiar. Possuem pontos de vistas e propósitos que distanciam uns dos outros e desagregam a família.

Portanto, aceitar que somos todos filhos de Deus e que fomos criados para viver no amor é um grande passo para criar afinidade. Uma boa leitura, oração, diálogo franco e a partilha contribuem para o crescimento pessoal e espiritual de cada membro e, consequentemente, aumentam a afinidade de propósitos e de vida. Com a afinidade, brotam sentimentos de amor, respeito e solidariedade, e aprendemos a aceitação das diferenças, de sentimentos e de valores que levam à comunhão com Deus e com os outros. Mas ninguém constrói afinidade por obrigação; ela é criada e consolidada pela vontade de cada um, nos pequenos gestos do cotidiano da família. Tudo o que a família faz junto, gera afinidade. Apreciar a natureza, dividir as tarefas domésticas, brincar com os filhos, passear, ir à igreja, rir juntos, enfrentar os desafios e dividir as dificuldades, viver de acordo com os ensinamentos de Cristo, ser exemplo de vida e santidade, tudo isso, se for feito com amor e doação, contribui para a afinidade e para a vivência dos valores cristãos. A família que procura viver em sintonia com os propósitos e ideais de seus integrantes estabelece a união não só no ambiente familiar como também na comunidade e com Deus.

Para refletir:

1) Busco aceitar as diferenças das pessoas com quem mantenho contato, especialmente as mais próximas?

2) Tenho gestos e atitudes que criam afinidade entre os integrantes da minha família?

Viver em comunhão

"Todos estavam unidos e tinham tudo em comum."
(Atos dos Apóstolos 2,44)

O mundo vive uma grande polarização. São inúmeras divergências, quais sejam: políticas, econômicas, religiosas, ideológicas, de valores sociais e tantas outras que afastam as pessoas. Com isso, muitas famílias, apesar de habitarem na mesma casa, dividirem as contas, os afazeres, acabam por viver distantes umas das outras. Não partilham angústias, dificuldades, alegrias e conquistas, ou seja, não existe uma "comum união". São pessoas e famílias que não se preocupam com o outro e não fazem questão de que os outros se preocupem com elas, e, assim, cada um vive no seu individualismo, não se importando com os acontecimentos ao seu redor.

Além do mais, dividir o mesmo teto não significa necessariamente viver em comunhão; é preciso muito mais do que isso: há que se abrir ao outro, por meio do diálogo honesto e franco, da atenção às pequenas coisas, do cuidado e do respeito por seus sentimentos e por sua vida; e abrir-se a Deus, por meio da oração, da caridade e da partilha de vida.

Para partilhar a vida há que se dividir as angústias e dificuldades e somar as alegrias e sucessos; falar quando é necessário e silenciar quando o outro precisa disso; desenvolver atividades e criar momentos para se estar realmente junto; deixar-se guiar pelo sentimento de que se pertence a uma comunidade de amor; partilhar os sentimentos mais profundos sem julgar e sem condenar e agir sempre para que o amor reine no lar.

Logo, viver em comunhão é, também, viver na intimidade, e a família que procura essa união vive melhor e mais feliz. Viver na intimidade e no amor de Deus, propiciando mais serenidade e harmonia tanto para os que vivem sob o mesmo teto quanto para os que têm contato com a família. Saber que não estamos sempre certos, mas que também não estamos sempre errados, e que o equilíbrio acontece quando aceitamos que fomos criados para o amor e para a felicidade. A comunhão acontece quando, abrindo o coração para os outros, transformamos nossas atitudes e aprendemos a viver no respeito mútuo, na alegria e no amor.

Para refletir:

1) Sou agente de comunhão em minha família?

2) Busco conhecer os sentimentos dos outros e também deixo que as pessoas me conheçam?

CAPÍTULO II

Valores que constroem famílias

Os valores são princípios morais e éticos que regulam a conduta humana para o convívio em sociedade e refletem o grau de importância que se dá ao comportamento ou à ação humana em determinada situação. São formados por um conjunto de características que fundamentam os alicerces onde firmamos nossa vida. A família, iniciada a partir do "sim" consciente do casal, é construída diariamente pelo desenvolvimento de valores que aproximam e geram vida. Quanto maior a similaridade dos valores vividos na família, maior a possibilidade de criar relacionamentos saudáveis e afetivos. Quanto maior o grau de importância de valores como amor, espiritualidade, respeito, oração, perdão, entre outros aqui abordados, mais realizador e feliz será o relacionamento familiar.

Portanto, para formarmos famílias felizes, somos desafiados a construir valores que regulem a conduta e contribuam para o crescimento pessoal e intelectual de cada um. Mas qual valor é mais importante? Qual não pode faltar no lar? Quais devem realmente regular nossa conduta?

Para responder a tais questões, a seguir, em ordem alfabética, são elencados alguns valores que merecem especial reflexão; porém, com isso, não pretendemos esgotar o assunto nem graduar a importância ou relevância de cada um, pois, na individualidade ou na particularidade de cada família ou de cada momento de vida, alguns valores são mais requeridos ou se sobressaem em relação a outros. No entanto, todos são princípios fundamentais que se complementam para a construção de famílias sólidas e que se iniciam com o amor, porque, onde o amor está presente, alargam-se as possibilidades de desenvolvimento de valores cristãos e de realização de pessoas e famílias.

Amor

"Um homem só pode se colocar nas mãos de alguém quando o amor é tão grande que o resultado dessa entrega é a liberdade total."
(Khalil Gibran)

O ser humano foi criado por amor, portanto, amar é sua maior vocação, e o alicerce do amor verdadeiro é o amor que vem de Deus. O amor é um sentimento intenso que une as pessoas nas maiores dificuldades, mas, também, nas grandes alegrias. Como é um sentimento abstrato, não se pode ver o amor; ele precisa ser demonstrado por meio de gestos e atitudes que expressem afeto. Ganha ainda mais concretude quando orienta e ilumina as atitudes das pessoas no sentido de aproximá-las, de gerar empatia e de fortalecer laços.

"É preciso amar as pessoas como se não houvesse amanhã", diz a música. Mas amar não é só uma questão de necessidade; é uma questão de escolha e de decisão. Eu escolho amar e decido que esse amor é para toda a vida. A construção do amor é um processo contínuo de conhecer, reconhecer, aceitar e querer o bem do outro. O amor tem essa capacidade de transformar as pessoas e tornar os ambientes locais onde o bem é espontâneo e a alegria contagiante. Ele dá forças para enfrentar as dificuldades com esperança e fé, na certeza de viver, também, a presença de Deus. Amar é doar-se de tal forma que não exista espaço para o individualismo; ao contrário, o amor fortalece os relacionamentos por meio do crescimento e da partilha.

Ademais, o amor é construído no cotidiano, conhecendo as limitações, sonhos, angústias de cada um e aprendendo a respeitar tudo no outro, e a família será tanto mais harmoniosa e feliz quanto mais viver e demonstrar o amor.

É preciso se reinventar continuamente, e esse processo torna mais gratificante a existência. Aprendemos a desinflar nossa tendência egoísta e individualista para ampliar o espaço de crescimento mútuo. Aprendemos a substituir gradativamente o amor sustentado na superficialidade e carência física ou emocional por um amor maduro, sustentado na admiração mútua, na vontade de estar junto e na decisão de amar.

Assim, onde não existe amor afloram sentimentos negativos que prejudicam a família, como: ciúme, dominação, insegurança, desrespeito e tantos outros que destroem a harmonia familiar e minam os relacionamentos. Entretanto, quando o relacionamento está fundamentado nos valores cristãos, emergem sentimentos que unem e dignificam a família, trazendo harmonia, desejo de fazer o bem uns aos outros, de estarem juntos, de crescerem na fé e viverem em união. Onde existe amor, vive-se com mais segurança, intimidade, respeito, felicidade e estímulo para o desenvolvimento do outro. Afinal, só se pode construir felicidade onde existe liberdade, e a liberdade é fundamentada no amor.

O amor impulsiona para ir ao encontro do outro e fazer com que o bem triunfe sobre qualquer sentimento de rancor, ódio ou vingança.

Caridade

> "A caridade supera a justiça, porque amar é dar, oferecer ao outro do que é 'meu'; mas nunca existe sem a justiça, que induz a dar ao outro o que é 'dele'."
> (Papa Bento XVI)

A caridade não é apenas um ato de benevolência em que se doa algo que, muitas vezes, não se usa ou quando se emprega um tempo que está sobrando. Não é feita de migalhas ou do resto do que temos ou do que somos. É, sim, um gesto nobre e concreto de amor ao próximo.

A caridade mostra o quanto estamos dispostos a abdicar de nós mesmos, das nossas coisas pessoais e materiais para que o outro, também, tenha o que necessita, mas para isso é preciso agir sem interesse.

A caridade é uma virtude que se vive na família, a partir do exercício contínuo de amar e valorizar os outros, sabendo que não se vive sozinho e que muitas pessoas podem não ter as mesmas chances e condições que temos. Para ser caridoso, é preciso, primeiramente, valorizar a própria vida, as próprias conquistas e, depois, a vida e as conquistas do outro; é desprender-se do individualismo e entender que não é possível viver sozinho, que precisamos uns dos outros, e, a partir daí, encher-se de amor e de motivação para estender a mão, para ir ao encontro do outro.

Muitas pessoas enxergam a caridade como um sentimento de compaixão, mas não se pode ficar só no sentimento, pois, se assim fizermos, acabaremos por sentir e não agir. A caridade é a prática de ajudar o outro a viver melhor e a ser melhor. É realmente amar sem distinção, sem querer nada em troca. É fazer o bem não por obrigação, mas porque o coração está cheio de amor, generosidade e humanidade para com todos. Caridade é, portanto, abdicar de algumas coisas que temos para ir ao encontro do outro, estender a mão a quem precisa e dar o primeiro passo na direção da afetividade e do cuidado com o próximo.

Desse modo, quando se compreende que a caridade é ação, olha-se a caridade à luz da Palavra de Deus e internaliza-se o significado de "amar o próximo como a ti mesmo"; afinal, quem se ama, se cuida e não faz mal a si mesmo, e, quem ama o próximo, também cuida. A caridade se faz com doação material, mas, também, com gestos que demonstrem sentimento pela vida do outro, disponibilidade para ouvir e acolher as dificuldades do outro. A verdadeira caridade é demonstrada quando disponibilizamos nosso tempo, nossos bens, nossa vida para demonstrar amor a toda humanidade, não como uma obrigação, mas como uma oportunidade de sermos melhores.

Cumplicidade

> "Não se busca outro igual para viver a cumplicidade, mas alguém que verdadeiramente, nas palavras da alma, nos complete."
>
> (Ricardo V. Barradas)

A construção do relacionamento familiar envolve parceria, confiança e apoio nas mais diversas decisões a serem tomadas, ou seja, requer cumplicidade.

Nesse contexto, todos os aspectos da vida, tais como financeiro, emocional, intelectual, são bem mais simples de ser administrados quando se vive sozinho. Os bônus ou consequências das decisões certas ou erradas recaem e devem ser suportados por quem as tomou, mas ganham complexidade quando envolvem outras pessoas, inicialmente apenas o cônjuge, porém, ao longo do tempo, somam-se os filhos. Todos têm anseios, carências, projetos, potencialidades, direitos e obrigações próprios que devem ser considerados nas decisões, pois todos serão afetados pelos resultados. Logicamente, as tomadas de decisão individuais e isoladas têm que abrir espaço para a coparticipação. Não se justifica a omissão de um ou a prepotência de outro em aspectos que afetem a integralidade da família. Agir de modo amistoso, cordial e leal facilita sobremaneira o convívio familiar, impactando positivamente nos relacionamentos sociais ou profissionais, o que contribui decisivamente para a prática real do companheirismo, em que não se divide apenas o pão, mas a vida.

Assim, a cumplicidade no ambiente familiar se faz nas pequenas e nas grandes coisas, onde cada um busca, no respeito mútuo, a parceria necessária para o bom convívio familiar.

Diálogo

> "A união faz a força e o diálogo faz o entendimento."
> (Og Sperle)

O diálogo é, sem dúvida, um dos pilares da união da família. É também a ponte entre as pessoas, trazendo alegria para os momentos de lazer, conhecimento para os momentos de dúvidas e solução para muitos conflitos. Mas o diálogo é muito mais do que escutar e falar; é uma experiência de vida onde uma pessoa fala e a outra fica atenta e assimila o que se quer partilhar, e assim ambas conseguem compreender o que se deseja expressar.

Diferentemente do que a maioria das pessoas pensa, o diálogo não é algo natural e fácil, mas sim um exercício a ser praticado diariamente para desenvolver o hábito. Falar pode ser fácil, mas falar demonstrando pontos de vista e fragilidades é bastante desafiador. Ouvir e entender os pontos de vista do outro é mais desafiador ainda.

Nessa direção, dialogar é expressar o que se pensa e compreender o que o outro pensa sobre assuntos de interesse do casal, dos filhos, da comunidade, de Deus; enfim, desde os assuntos mais simples, em que existe concordância de todos, até os mais complexos, que podem gerar conflitos. É ter a liberdade de discordar sem julgamentos e sem interferências ou cobranças de mudança. É falar sempre sobre qualquer tema, respeitando as pessoas e os ambientes, mas jamais silenciar.

Além do mais, muitas famílias criam distanciamento entre os membros para evitar o choque de ideias e opiniões; acumulam frustrações no relacionamento e alimentam ressentimentos e mágoas que distanciam uns dos outros. O remédio para isso é simples, desde que todos estejam dispostos a mudar de postura e conversar sobre tudo honesta e abertamente. No "tudo", incluem-se a parte financeira, a realização profissional, a educação dos filhos, a vida sentimental e sexual, as amizades, as convicções religiosas. Se um membro, por qualquer motivo, não tem liberdade para exprimir seus sentimentos, ele se fecha e o relacionamento fica prejudicado. Nesses casos, é importante ficar atento ao outro e dar segurança estimulando para que reencontre a vontade de falar, de participar, de opinar.

É na família que se aprende a respeitar o direito e a aceitar o dever da liberdade; a expressar o que se pensa de forma autêntica sem, contudo, distorcer a realidade ou agredir os outros; e a abrir-se para si mesmo, para o outro e para a construção do crescimento mútuo. O diálogo deixa o ambiente mais leve e agradável, e a harmonia passa a ser percebida por todos. Essa integração contribui para a realização como pessoa e como família.

Empatia

"A verdadeira compaixão não significa apenas sentir a dor de outra pessoa, mas ser motivado a eliminá-la."

(Daniel Goleman)

Em tempos de individualismo, de desrespeito às diferenças, de pessoas que pensam somente nelas mesmas, de falta de amor ao próximo e de tantos comportamentos desagregadores expostos diariamente nas mídias sociais e até mesmo nos pequenos grupos que propõem a defesa dos interesses individuais sempre em primeiro lugar, é crucial que aprendamos a desenvolver sentimentos de empatia e busquemos conhecer o outro, perceber o que o outro sente e principalmente se colocar a serviço para ajudar o outro a ser ele mesmo.

Nessa perspectiva, empatia não é, exatamente, colocar-se no lugar do outro, até porque isso não é possível. Não se pode viver o que o outro vive nem sentir o que o outro sente. Empatia é a capacidade de entender, tanto quanto possível, o que o outro está vivendo e solidarizar-se de verdade com ele. É imaginar-se no lugar do outro, vivendo a mesma situação que o outro está vivendo e ser capaz de compreender o que ele está sentindo e, assim, respeitar seus sentimentos e atitudes. Quem tem empatia sabe aceitar o outro, respeitar suas dores e sofrimentos e perceber seus sentimentos sem julgamentos e sem condenação. A empatia requer diálogo franco, ou seja, falar, ouvir, apreender e, claro, aceitar o outro por inteiro, mesmo ele sendo diferente de você, identificando nele aquilo que o angustia, não para julgar e criticar, mas para compreender e ajudar.

Assim, o ser humano, na sua essência, é um ser sociável; entretanto, com o passar do tempo, muitas situações levam a distanciamentos, exatamente por não aceitarmos que o outro viva de forma diversa, por não entendermos as dores do outro e por não respeitarmos que o outro seja simplesmente o outro, com pensamentos diferentes dos nossos. Mas, para viver em sociedade, é preciso aceitarmos que não estamos nem fazemos nada sozinhos, olharmos ao redor e efetivamente enxergarmos o outro, regozijando-nos com suas alegrias e sucessos, sofrendo com suas tristezas e, sempre que possível, contribuindo para que tenha uma vida mais feliz. A empatia nos faz compreender que cada um tem uma forma diferente de ver os acontecimentos e nem por isso está totalmente certo ou totalmente errado; são apenas pontos de vistas que devem ser respeitados.

Inclusive, a família pode viver e transmitir sentimentos de empatia à medida que seus membros buscarem se relacionar com amor, companheirismo e respeito; procurarem ajudar outras pessoas e famílias carentes de bens materiais ou apenas de atenção, respeitando seus valores e diferenças; acolherem por meio de palavras de conforto ou de ajuda financeira; respeitarem e cuidarem do lugar onde vivem; procurarem conectar-se com os vizinhos, com os membros da comunidade e com todos aqueles com que de alguma forma têm contato. É na família que se aprendem os primeiros valores. Se somos respeitados, aprendemos a respeitar; se não nos julgam, aprendemos a amar sem julgar; se nos tratam com empatia, aprendemos a entender que o outro é o outro, mas é tão importante quanto nós.

Esperança

> "A esperança não murcha, ela não cansa, também como ela não sucumbe à crença. Vão-se sonhos nas asas da descrença, voltam sonhos nas asas da esperança."
> (Augusto dos Anjos)

Dimensionar corretamente a esperança entre um fundamento real e a utopia faz toda a diferença entre o comodismo e a ação.

Por vezes, quase em tom de lamento, pessoas afirmam: "Mas eu tenho esperança! Espero, espero, e nada de bom me acontece". Veem a esperança como um aguardar que as coisas aconteçam, que os problemas se resolvam ou desapareçam, que os desejos se realizem automaticamente e que a vida ganhe sentido de um momento para o outro. Entretanto, a esperança não é uma mágica transformadora de realidades, suprimindo o que se tem de negativo para dar lugar ao bom, útil ou agradável. Está ligada a crer que é possível realizar o que se deseja com fé e ação, e a esperar não no sentido de acomodar-se até que as coisas se resolvam, mas fazendo tudo que estiver ao seu alcance e, aí sim, acreditar que algo acontecerá. A esperança é o que move as pessoas na direção da ação, rompendo a chamada "zona de conforto" e fomentando a motivação para realizar sonhos. Quando esperamos com fé, somos impulsionados a agir.

Logo, se esperamos dias melhores, agimos para que os dias sejam realmente melhores. Se esperamos ter saúde, vamos ao médico, cuidamos de nossa alimentação, fazemos exercícios físicos, acreditando que tudo ficará bem. Se esperamos ter um bom emprego, preparamo-nos, fazemos cursos, aprendemos coisas novas e envidamos esforços para acompanhar o que está acontecendo ao nosso redor e no mercado de trabalho. Se esperamos ter uma família harmoniosa, buscamos criar dentro de casa sentimentos e atitudes positivas, respeitamos a individualidade e valorizamos a vivência do amor.

Em contrapartida, muitas pessoas esperam desacreditando e esquecem que as coisas só acontecem quando planejamos, agimos e acreditamos. É necessário ter coragem de agir primeiro e, depois, botar fé que dará certo. Esperar não é achar que tudo vai dar sempre certo, que não há dificuldades e sofrimento, mas sim ter fé e acreditar que, nos desafios, dificuldades e sofrimentos, teremos a motivação necessária para enfrentar desafios com serenidade e esperança. A maior motivação para esperar está em Cristo; portanto, quem o segue jamais perca a esperança.

Espiritualidade

"Não existe corpo sem espírito, nem espírito sem corpo."
(Santo Tomás de Aquino)

Muito se fala em manter a saúde física e mental. Em momentos de extrema dificuldade, sejam econômicas, financeiras ou pessoais, é comum as pessoas sentirem-se adoecidas, sem ânimo para enfrentar os desafios. Quando as dificuldades surgem, e com certeza irão surgir, se não existir um propósito, um objetivo na vida, perde-se a saúde e a vontade de viver.

Quando a ideia de espiritualidade está ligada a dar sentido à vida, buscam-se meios de se conectar consigo mesmo e assim encontrar razão para viver. Entretanto, diferente do que muitos pensam, viver a espiritualidade não está relacionado somente a uma dimensão religiosa, mas à dimensão humana, pois faz parte do eu interior de cada pessoa. É, na verdade, a necessidade pessoal de compreender o lugar que cada um ocupa no mundo. É uma conexão necessária entre a dimensão do espírito e o exterior humano, para encontrar respostas para questões da vida. Na dimensão humana, a espiritualidade dá significado à existência e possibilita que cada um encontre seu propósito de vida. Na dimensão divina, dá significado à fé e a tudo que representa a criação de Deus e possibilita que as atitudes sejam canalizadas para o bem comum.

Tal como no pessoal, a vivência da espiritualidade na família faz com que haja maior conexão e empatia entre seus membros; contribui com a construção de um propósito maior; desenvolve valores que aproximam as pessoas e dão significado ao grupo familiar; permite enxergar a realidade com os olhos do coração e agir com responsabilidade sobre nossas escolhas e comportamentos; liberta de sentimentos ruins e faz crescer sentimentos bons e de solidariedade para com todos.

A vivência da espiritualidade fortalece a saúde mental e ajuda na construção de relacionamentos saudáveis. Independentemente da dimensão que cada um dá à espiritualidade, ela deve ser alimentada diariamente por meio de pensamentos e atitudes positivas, do diálogo aberto e franco, da oração e da vivência concreta do amor. Na dimensão cristã, viver a espiritualidade é viver na graça de Deus; é assumir que, por meio do Batismo, nos tornamos filhos de Deus e, consequentemente, irmãos na fé; é acreditar que a graça de Deus está presente em cada ser humano e que, por meio dela, construímos uma vida no amor, no perdão e na paz; é reconhecer em Cristo o caminho, a verdade e a vida que transformam a humanidade, dando coragem para enfrentar os desafios. Mas, para viver a espiritualidade, é necessário buscar em Cristo o exemplo de práticas fundamentais à vivência do amor.

Fidelidade

"Fidelidade não é escolha, é essência. Ninguém aprende, ensina ou a exige; nasce com ela como um bom caráter. Não há esforço, se é."
(Antonio Carlos V. O. Motta)

Quando o casal se une pelos laços do Matrimônio, promete fidelidade um ao outro. Trata-se, na verdade, de um compromisso mútuo que implica respeito e confiança total recíprocos.

A fidelidade sempre foi, é e sempre será condição inalienável do Matrimônio cristão. A promessa feita diante da Igreja e da comunidade como testemunha não tem condicionantes nem prazo de validade. É direta e definitiva. Muito se foca no plano sexual, que, indubitavelmente, é o núcleo do juramento e a contrapartida da entrega mútua e plena. Entretanto, não se restringe a isso, mas, pelo contrário, o extrapola em muito.

A fidelidade está atrelada ao amor-próprio, aos projetos individuais e àqueles assumidos como casal, a partir do "sim", expressado de forma consciente, entendendo e aceitando a dimensão de que "não serão mais duas, mas uma só carne".

Enfatize-se que, quando duas pessoas rumam para a constituição de uma família, levam sonhos, projetos e planos para serem refletidos, ponderados, decididos, equalizados e, por consequência, assumidos conjuntamente com lealdade e fidelidade.

Assim, o amor entre o casal e a família não é sustentado pelo contrato, mas sim pelo conhecimento mútuo, em que cada parceiro ou integrante conhece os sonhos e projetos do outro e envida esforços para não quebrar as expectativas e promessas. Portanto, fidelidade é comprometer-se verdadeiramente com aquilo que foi prometido um ao outro diante de Deus; é viver de forma íntegra e sincera, escolhendo diariamente ser fiel aos princípios familiares.

Honestidade

"Honestidade é fazer o certo mesmo que ninguém esteja olhando."
(Jim Stovall)

Uma das coisas mais importantes que o casal deve proporcionar para os filhos é a segurança. Pais e filhos precisam se sentir totalmente seguros, pelo menos no ambiente familiar, para que cada um possa ser autêntico. Isso pressupõe liberdade, que só pode ser plena se existir sinceridade de palavras e atitudes, garantindo que todos falem e ajam com honestidade. A prática da honestidade permite que as pessoas aprendam a ser verdadeiras e confiáveis, transformando o lar em um ambiente seguro e de partilha.

Em um mundo tão competitivo, a honestidade passou a ser vista como um valor imprescindível para a construção de carreira de sucesso, afinal, o agir com honestidade é fundamental para a convivência humana e para as relações de negócio. Por outro lado, a falta de honestidade afasta as pessoas e faz aumentar a diferença entre ricos e pobres. Existem aqueles que nada têm porque outros querem tudo, sem qualquer constrangimento. A honestidade faz com que as pessoas pautem suas ações na verdade e na justiça, reduzindo as distâncias e as desigualdades. Relacionamentos honestos são mais humanos, mais sinceros, mais libertadores, mais produtivos e, consequentemente, mais duradouros.

Também na família, a honestidade constrói relacionamentos sólidos e duradouros, isto é, de sucesso. Necessário se faz que a família tenha coragem e discernimento para dizer "não" às facilidades que o mundo impõe. Às vezes, parece ser fácil conseguir dinheiro, um bom emprego, coisas materiais de que precisamos, enganando ou "tirando alguma vantagem" dos outros. Entretanto, a honestidade se constrói a partir de pequenos gestos, como falar sempre a verdade, agir com integridade, aceitar suas limitações e respeitar a limitação do outro, não enganar e agir sempre com transparência; valores que, também, devem ser vividos em família.

Diante disso, na família, aprendemos a valorizar a vida, as coisas simples, a cumprir promessas, a respeitar o outro, a gerenciar os recursos e a viver com aquilo que temos, sem querer o que é do outro. É na família que aprendemos que não ter, não conseguir de imediato o que se almeja não é motivo para frustração, mas sim oportunidade de aprender o respeito pelo que não é seu e de envidar esforços para, honestamente, conquistar seu espaço. É na família que se aprende a ser confiável e sincero, transformando dificuldades em motivação para o desenvolvimento da honestidade.

Humildade

"O dinheiro faz homens ricos, o conhecimento faz
homens sábios e a humildade faz grandes homens."
(Mahatma Gandhi)

O principal valor da humildade é que ela pressupõe sabedoria, reconhecimento, simplicidade e gratidão, sentimentos de quem é nobre de coração e de intenção. A pessoa humilde, primeiro, reconhece sua pequenez diante de Deus, "Criador de todas as coisas", e depois reconhece suas limitações sem constrangimentos, aceita as limitações do outro sem julgamentos ou cobranças desmedidas e não busca ser, ou mesmo se mostrar, melhor que os outros. Ao contrário, a humildade faz com que a pessoa admita seus erros e demonstre gratidão por tudo.

Dessa maneira, ser humilde é ter consciência de que não temos controle sobre as pessoas e, afinal, muitas vezes nem sobre nós mesmos; portanto, é preciso agir com sinceridade e ter consciência de que não é possível viver sozinho, de que precisamos nos relacionar com muitas pessoas: em casa; na sociedade; no mundo do trabalho; nas comunidades; nos relacionamentos de amizade.

A família que vive a humildade sabe que pertence ao mundo, mas que não é melhor nem pior do que ninguém; entretanto, pode, sim, ser um elo de amor e respeito que una todos à sua volta.

A humildade, antes de ser característica de pessoas fracas, é atributo de fortaleza e valor daqueles que sabem usar da sabedoria e da sensibilidade para servir e unir. É predicado daqueles que compreendem que ninguém é perfeito e que precisamos uns dos outros. É traço de quem sabe deixar de pensar somente em si mesmo e dar lugar para a realização dos outros. É ser grato pelo que se tem, sem querer o que é do outro. É buscar fazer sempre o bem e viver na alegria, tendo consciência de que, quanto mais nos abrimos para os outros, mais nos aproximamos de nós mesmos e de Deus.

Logo, a família que vive a humildade valoriza todos ao seu redor e, com isso, aproxima as pessoas, faz amizades, convive bem em comunidade e com mais harmonia dentro de casa. Mas vale alertar que humildade não é aceitar tudo de forma passiva, sem reagir; ao contrário, pessoas humildes carregam dentro de si sabedoria e força para lutar pelos seus interesses de forma justa, sem egoísmos e sem querer se aproveitar de nada nem de ninguém. Viver na humildade traz sabedoria e discernimento para que as decisões do cotidiano sejam inspiradas por Deus.

Liberdade

> "Liberdade é ser capaz de amar sem pertencer e viver sem dominar."
> (Pedro Henrique)

Quando alguém ruma para o casamento, a provocação imediata entre os amigos, casados ou não, é que vai perder a liberdade. E é inegável que em muitos relacionamentos, em decorrência da imaturidade de uns ou irresponsabilidade de outros, a adoção de comportamentos restritivos, decorrentes de ciúme e inseguranças, desde logo começa a minar um projeto de vida em comum que, se não dimensionado corretamente, causará a ruína do relacionamento.

Desse modo, o exercício da liberdade está presente em todas as etapas do relacionamento, intimamente ligado ao exercício da responsabilidade inerente às decisões que se tomam. Inicia-se com a liberdade ampla e irrestrita em relação à escolha. Dentre todas as pessoas que por circunstâncias cruzam nosso caminho, escolhemos alguém, de modo particular, para levar adiante um projeto, um sonho, uma construção, uma vida. Feita a escolha, em total liberdade, se estabelece o relacionamento no qual o conceito de liberdade é "ser livre para ser". Isso é uma liberdade não apenas para fazer o que queremos como também para sermos o que temos de ser. É o exercício da liberdade com o balizamento da responsabilidade pela escolha, pois se está ao lado de uma pessoa com sentimentos, sonhos, metas, desejos de autorrealização, muitos deles projetados a partir do envolvimento mútuo.

Se compreendida essa dimensão da liberdade, abre-se um espaço ideal para a realização plena como pessoa e como casal. Não haverá cobranças sem sentido, marcação passo a passo, restrição injustificada, porque a insegurança não será dominante no imaginário do outro. A conquista da confiança do outro não se dá em um piscar de olhos, mas sim na provação cotidiana. A compreensão do papel de cada um na unidade do casal, fundada no diálogo e no respeito, é que faz ambos serem realmente livres.

Perdão

> "Sejam bons e atenciosos uns para com os outros, perdoem uns aos outros, assim como Deus, por meio de Cristo, perdoou vocês."
> (Efésios 4,32)

O mundo mudou, as pessoas mudaram, o cotidiano ficou mais corrido e as pessoas ficaram mais individualistas e mais cheias de si. Em uma primeira análise, essa parece ser uma afirmação agressiva; entretanto, isso é real e consequência de um mundo cada vez mais exigente, onde as pessoas têm cada vez menos tempo e precisam pensar cada vez mais em si mesmas. Essa engrenagem, por vezes, torna-as mais egoístas e com pensamentos negativos sobre si mesmas e sobre os outros.

Além disso, para apagar tudo o que pode causar-nos mal, há que se fazer, constantemente, uma faxina na mente e no coração para purificar a alma da maldade e a mente dos maus pensamentos e das forças negativas; para livrar-se de tudo que afasta de Deus e das pessoas e buscar sempre viver na paz e no amor; para refletir sobre os comportamentos e estar disposto a mudar para viver mais intensamente no amor dos irmãos e no amor de Deus. Mas, para viver bem, é preciso preparar o coração e ter propósitos de mudança de vida, como pedir e conceder perdão. Quem não perdoa não consegue viver em paz consigo mesmo, com os irmãos e com Deus. O perdão não elimina a falta, mas sim o rancor provocado pela falta. Não apaga a lembrança, mas abranda a cólera deixada pelo ocorrido. Não combate a pessoa, mas anula ou neutraliza, tanto quanto possível, o erro cometido.

A atitude de limpar o coração e se aproximar mais de Deus e dos outros inicia-se pela "decisão" de construir um mundo melhor ao redor; passa pela vontade de viver bem; alimenta-se pela oração; continua nas atitudes em relação às pessoas e ao meio em que vivemos; solidifica-se na fraternidade por meio da partilha dos dons espirituais e materiais; e concretiza-se no exercício da caridade.

Assim, onde existe amor, existe também a misericórdia. Os casais se perdoam porque se aceitam mutuamente. Os pais perdoam os filhos porque compreendem o amor-doação por meio deles. Os filhos perdoam os pais porque compreendem o quanto eles são importantes em suas vidas. Enfim, o perdão acontece porque e quando todos se amam. O amor e o perdão formam elos e, juntos, edificam vidas e famílias.

Mas como perdoar um inimigo, um assassino? Alguém de fora do círculo familiar e de amizades, que não ama a si próprio e, portanto, não tem misericórdia?

A pavimentação do perdão tem início quando se decide simplesmente parar de odiar. Não se pode esquecer o mal causado, mas pode-se parar de odiar aquele que praticou o mal. A misericórdia faz com que o ódio seja suprimido e permite que haja justiça. O perdão aplaca o desejo de vingança e permite a diminuição da violência.

Nesse prisma, a vivência familiar tem que ser pautada na misericórdia e no perdão. Perdoar é não deixar que os erros do cotidiano se tornem angustiantes e provoquem desunião e discórdias. O perdão é o antídoto para as mágoas e ressentimentos, contribuindo para que as famílias vivam mais na harmonia e no amor. Só quem é misericordioso pode agir com perdão. Perdão é dom, e não troca. O perdão é concedido porque quem errou se arrependeu ou porque quem foi vítima do erro quer viver em paz. Quem perdoa não esquece, mas compreende, não apaga, mas aceita, não renuncia, mas para de odiar. Esse é o verdadeiro sentido do perdão.

Respeito

> "Respeito... Muitos falam sobre,
> todos dizem que têm, poucos o praticam."
> (Débora Carvalho)

Quando homem e mulher deixam a casa dos pais e passam a formar um casal que divide o mesmo ambiente, por mais que tenham um estreito contato, não se conhecem o suficiente para compreender e aceitar integralmente um ao outro.

Cada um carrega sua história particular e valores que fazem parte da sua origem. Aprender a respeitar essa vivência anterior e tudo aquilo que cada um traz consigo é uma forma de crescer em família. Mas não é tão simples assim. Há que se encontrar motivação para construir um novo relacionamento, empregar esforços para criar uma nova família sem anular o que se viveu anteriormente, estar dispostos a aceitar as limitações e qualidades um do outro e buscar juntos a construção de novos valores.

Diante disso, o respeito é conciliador das opiniões contrárias, é um instrumento de boa convivência e permite reconhecer nossas fragilidades e aceitar as fragilidades do outro. Onde existe respeito, não existe espaço para intolerância, desentendimentos, rancor, sentimentos ruins, porque as pessoas são tratadas com atenção e carinho. O respeito está, também, relacionado com a estima e consideração que um tem para com o outro. Onde há respeito, há perdão, acolhimento, comprometimento e, acima de tudo, não só aceitação das diferenças como também crescimento individual e em casal a partir delas.

Dessa maneira, o respeito não é apenas um valor que deve ser vivido em família. É uma forma de conduta individual, familiar e social, que transforma o ambiente e serve para que cada um compreenda seu valor e o valor do outro, reconheça a individualidade e singularidade de cada um e, assim, aprenda a amar sem julgamentos. É um sentimento de compaixão que leva a tratar o outro com atenção e consideração. Onde existe respeito, todos se sentem livres para ser eles mesmos, sem subterfúgios, mentiras e medos.

Enfim, respeitar o outro não significa acomodar situações e desistir de um relacionamento mais intenso sob o pretexto de incompatibilidade de pensamentos e ideais. É, antes de tudo, buscar nas diferenças a cumplicidade para viver em união, para agregar a família em torno de um único ideal, amar e fazer o bem. O respeito é, também, demonstrado por meio da renúncia e do esforço de cada um para viver em harmonia. Ele permite colocar-se no lugar do outro e entender suas angústias e dificuldades. Assim, o lar se transforma em um ambiente seguro e valorizado por todos, onde, respeitando-se mutuamente, as pessoas possam crescer na fé e no amor a Deus e ao próximo.

Responsabilidade

"A maioria das pessoas não quer realmente a liberdade, pois liberdade envolve responsabilidade, e a maioria das pessoas tem medo de responsabilidade."

(Sigmund Freud)

De maneira geral, as pessoas não querem assumir responsabilidades. Afinal, assumir responsabilidades não é apenas e tão somente tomar para si alguma obrigação, mas sim incumbir-se de algo e assumir o compromisso de realizar e aceitar as consequências do resultado daquilo que foi realizado. Portanto, a responsabilidade não é somente obrigação como também a qualidade de responder por seus atos e resultados, individual e socialmente.

Ademais, na construção de qualquer relacionamento e, notadamente, no ambiente familiar, a responsabilidade exige um aprendizado contínuo, tendo em consideração sempre o grau de maturidade de cada integrante. Espera-se que os adultos, pai e mãe, possam arcar com o sustento financeiro da família, com a manutenção do lar e com a educação dos filhos de maneira integrada e partilhada, respeitando as individualidades de cada um, mas se apropriando do papel de progenitores e educadores. E espera-se também que os filhos, de acordo com a idade, sejam incentivados e até mesmo cobrados pelos pais para que, aos poucos, assumam pequenas tarefas que os integrem mais à família e contribuam para o amadurecimento deles. Assim, o casal arca com suas responsabilidades e ao mesmo tempo ajuda os filhos a assumirem as deles, tanto no ambiente familiar como nos ambientes sociais.

Por conseguinte, o casal, ao optar por ter filhos, gerados ou adotados, ascende ao status de pai e mãe, e, muito além da incumbência do sustento material para garantir a sobrevivência e o desenvolvimento dos filhos, é reservada a eles a missão de serem os primeiros educadores. Há que se assumir, com amor e dedicação, o compromisso: de educar os filhos na fé, no amor, na fraternidade, na solidariedade, no respeito e em tantos outros valores que são partilhados no ambiente familiar; de amar a Deus e o próximo, algo que se transmite não apenas com palavras como também com exemplo de vida; de propiciar um ambiente de liberdade e de pertença, onde cada um assuma aos poucos, individual e coletivamente, suas responsabilidades; e de incumbir-se efetivamente da responsabilidade de contribuir para o desenvolvimento das capacidades física, intelectual e moral dos filhos, possibilitando que eles, também, aprendam a amar, respeitar e integrar a vida em sociedade, ou seja, assumir as responsabilidades perante os outros, pois, responder pelos atos com responsabilidade é, também, receber as benesses das boas ações realizadas e do ambiente de amor, respeito e harmonia que se cria.

Solidariedade

> "Dais muito pouco quando estais a dar o que vos pertence.
> Só quando vos dais a vós próprios é que estais verdadeiramente dando."
> (Khalil Gibran)

Não há como refletirmos sobre solidariedade sem antes avaliarmos nossa capacidade de desprendimento. Isso porque, doar algo, que pode ser um bem material, o tempo, a atenção, significa renunciar ao poder que temos sobre aquilo. E isso, por vezes, pode ser difícil e desafiador. A solidariedade demanda o nobre sentimento de amor ou compaixão que nos impele a doar sem querer algo em troca e sem criar a sensação de que perdemos algo. A solidariedade representa essa capacidade de enxergar nos injustiçados ou necessitados um pouco de nós mesmos e, assim, buscar prestar ajuda material, espiritual ou moral.

Logo, em uma sociedade onde em muitos ambientes se desenvolve e se estimula a cultura do individualismo e até mesmo do egoísmo, a solidariedade é o diferencial para a dignidade de muitos desamparados ou desvalidos e a motivação para mudar o caráter de outros tantos, por meio de gestos altruístas que servem de exemplos para moldar a sociedade.

Além do mais, a solidariedade cristã vem do amor a Deus e ao próximo. Se amarmos, mas não agirmos com verdadeira solidariedade, não mostraremos a bondade de Deus. O amor e a solidariedade devem estar presentes nas coisas simples da vida, no apoio à família, nas relações de trabalho e na partilha de vida em comunidade. Partilhar a vida com respeito e consideração é a expressão maior da solidariedade. Todos somos chamados a ser solidários, procurando ajudar nas comunidades os que precisam, mas, também, e principalmente, a quem não se conhece ou com quem não se tem um vínculo.

Nesse sentido, a solidariedade não pode ser confundida com favor ou apenas com compaixão. Se assim for, diminui em muito o valor da atitude e descaracteriza a nobreza do sentimento e da ação. A solidariedade, principalmente na família, vai muito além disso. É uma ligação recíproca entre as pessoas. Quando se trata de casal, de pais e filhos e entre irmãos, ela exige um desprendimento maior e cobra ações de aceitação, respeito, apoio, ou seja, transcende o campo material e deságua no campo afetivo, em que a partilha acontece não por necessidade do outro, mas por amor. E aí se compreende a essência da solidariedade, que não é dar o que se possui e sim o que se é.

CAPÍTULO III

Estratégias para construir uma família feliz

Estratégias são planos de ação usados nas empresas para atingir objetivos e, consequentemente, obter sucesso com os negócios. O método consiste em criar objetivos comuns e procurar juntos atingi-los. São ainda critérios determinados para buscar meios de tomar decisões que valorizem o negócio. Entretanto, é sabido que as empresas esforçam-se por revisar constantemente os objetivos e motivar todos os envolvidos, tanto nos objetivos quanto nos meios definidos para alcançá-los, pois, se assim não o fizerem, os planos podem não trazer os resultados esperados. É sabido, também, que muitas pessoas são envolvidas no processo sem ter conhecimento exato do que se trata, e isso pode prejudicar o resultado final.

Desse modo, guardadas as devidas proporções – pois, muitas vezes, nas empresas o uso da razão é suficiente para se buscar o resultado e, na família, o sentimento e a razão caminham juntos –, semelhantemente ao que acontece nas empresas, estratégias na família são planos de ação para atingir objetivos comuns e construir a felicidade no lar. Assim sendo, é primordial analisar constantemente as estratégias e verificar se todos estão envolvidos e cientes do que se procura para que o resultado seja satisfatório a todos.

Portanto, para construir a felicidade em família é essencial revisar contínua e constantemente a forma de vida e os valores que são construídos no cotidiano, buscando o aperfeiçoamento das relações e a constância do amor no lar.

Nessa perspectiva, o que se espera aqui é apresentar algumas estratégias que contribuam para revisar os objetivos comuns, corrigir os erros, retificar ou rever valores e, consequentemente, tomar decisões mais assertivas na busca da felicidade conjugal e familiar, provocando as famílias no sentido de procurarem meios de valorizar pensamentos e atitudes que aproximem os membros entre si e criem objetivos que levem ao sucesso e à felicidade de todos. Tais estratégias constituem aspectos práticos que podem ser aprendidos na convivência familiar e que, se colocados em ação, podem ser o diferencial entre casais e famílias que vivem em harmonia e buscam a realização, ou que apenas e tão somente se suportam por conveniência ou falta de opção.

Amar a Deus sobre todas as coisas

"Ame o Senhor, o seu Deus, com todo o seu coração, com toda a sua alma e com todas as suas forças."
(Deuteronômio 6,5)

Quando se fala em edificar uma família realizada e feliz, o ponto primordial é o amor. Amor que se constrói a partir do aprimoramento do amor a Deus. Todavia, isso parece utopia, algo impossível de acontecer. Como amar algo que não conhecemos, que não nos mostra nenhum sinal?

Nascemos para o amor, entretanto, desde nosso nascimento passamos por muitas coisas e convivemos com muitas pessoas, boas e más. Na convivência diária afloram sentimentos, como raiva, ânsia por possuir coisas materiais, desejos inexplicáveis, estresse por excesso de trabalho, falta de tempo, entre tantos outros que por vezes nos deixam impotentes diante dos desafios do mundo. Tudo isso vai tomando conta de nossa vida e desvia nosso foco do amor, dos nossos pensamentos e atitudes e, muitas vezes, de nós mesmos, das pessoas e da prática do bem.

Mas, realmente, não é possível amar a quem não se conhece, e, por consequência, para amar a Deus é necessário aproximar-se dele, por meio de sua Palavra e de suas criaturas.

Embora pareça improvável, amar a Deus é bastante simples. Na prática, basta deixar que as coisas boas tomem lugar em nossa vida, que pensamentos nobres dominem o nosso ser, e buscar conviver com pessoas de bem. Sem ignorar nossos desejos e anseios, temos de abrir espaço para colocar-nos a serviço da vida e do próximo, convivendo com os outros e, consequentemente, enxergando Deus em suas faces, pois fomos feitos à sua imagem e semelhança e de acordo com suas ações, quando voltadas para o bem.

Para amar a Deus, basta olharmos ao redor e percebermos sua existência em todas as formas de vida: na natureza e em todas as belezas que nela se manifestam; no conhecimento que tantos benefícios traz para todos; no ser humano, capaz de desenvolver sentimentos de carinho, bondade, conforto e partilha. Assim é possível conhecer e amar a Deus; um Deus que, mesmo sendo o Criador de todas as coisas, quis e quer ficar perto de nós, transformando nossas vidas e nos ajudando a viver o verdadeiro Amor.

É preciso admitir que, apesar dos caminhos às vezes errôneos e tortuosos traçados pela humanidade, tudo o que existe foi criado por Deus, e isso nos ajuda a compreender melhor nossa vida e a agir de forma mais otimista em relação aos outros; a aceitar amar esse Deus sobre todas as coisas e a entender que temos direitos e deveres, que não somos melhores nem piores que ninguém, pois, em essência, somos todos iguais; e, ainda, a perceber que o centro do ser humano é o amor, e esse amor, quando é verdadeiro e direcionado para o bem, é a comprovação de que amamos a Deus.

Para praticar:

1) Habituem-se a ler ao menos um versículo da Bíblia todos os dias;

2) Reservem diariamente, ainda que poucos, alguns minutos para uma conversa íntima com Deus.

Amar o próximo como a ti mesmo

> "A Bíblia diz: ame o próximo como a ti mesmo. Serei eu incapaz de amar o meu próximo se não tiver amor por mim mesmo."
>
> (Lucas Silva)

Não é possível ser feliz com o outro quando não se é feliz consigo mesmo. Não é possível levar alegria quando não se encontra a alegria em si mesmo. Aí está a essência e a importância de cada um de nós, afinal, só é possível amar o próximo quando se aprende a amar a si mesmo. Se temos ciência da existência de um Deus que nos criou, fica mais compreensível o fato de que Deus vive em nós, e isso propicia o desenvolvimento do amor a nós mesmos. Para amar o outro e formar uma família alicerçada no amor, é primordial amar a Deus acima de tudo e o outro com o mesmo vigor com que ama a si mesmo.

Mas como amar-se mais do que aos outros sem ser egoísta? A resposta pode ser encontrada por diversos meios, entretanto, é na Palavra de Deus que está o verdadeiro sentido do amor, quando cada um é chamado a "amar teu próximo como a ti mesmo" (Lucas 10,27). Esse preceito é o auxílio que precisamos para não permitir que o egoísmo tome conta dos sentimentos. É um chamado a amar o outro com a mesma intensidade do amor-próprio, afinal, fomos criados por amor e para o amor.

Quando amamos verdadeiramente, aceitamos nossas limitações, não como motivo de acomodação, mas como alternativa para sermos melhores a cada dia e olharmos o próximo com empatia, aceitando as diferenças.

Aceitar que fomos criados para o amor nos ajuda a valorizar nossas qualidades, perdoar nossos erros e acreditar que o amor possibilita uma vida com mais esperança e felicidade. Amando o outro como a nós mesmos, elevamos o nível de compreensão e tolerância com eventuais falhas ou fracassos, bem como apreciamos suas qualidades e nos realizamos com suas conquistas. O amor a nós mesmos direciona os esforços para a realização de nossos sonhos e projetos e nos faz vibrar com objetivos alcançados, sejam eles de maior ou menor grandeza. O amor ao próximo é a força que permite abrirmos o coração e fazermos o bem, construindo relacionamentos alicerçados no amor de Deus.

Para praticar:

1) Fortaleçam o amor-próprio, buscando valorizar as conquistas e viver de forma equilibrada;

2) Cultivem o amor ao próximo por meio de ações concretas, como doação de alimentos ou qualquer outro gesto que demonstre desprendimento.

Dar tempo para o casal

"Só existem dois dias no ano que nada pode ser feito. Um se chama ontem e o outro se chama amanhã; portanto, hoje é o dia certo para amar, acreditar, fazer e principalmente viver."
(Dalai Lama)

O comodismo e a indiferença são grandes vilões dos relacionamentos. Muitos sonhos, planos, projetos vão, aos poucos, se exaurindo no cotidiano dos casais. Pessoas apaixonadas, encantadas uma com a outra, que juraram amor eterno e que curtiram muito em fases anteriores, de repente se veem quase convivendo por obrigação ou, ainda, sentindo-se estranhas e distantes dentro da própria casa. E não há tempo certo para isso acontecer.

Além disso, fala-se em crise dos sete, dos onze anos, que nada mais é do que uma forma de pontuar desgastes que qualquer relacionamento pode ter com o passar dos anos. Mas, quando se trata de casal, é fundamental ter consciência de que não se pode negligenciar o parceiro nem se permitir descuidar dele. Se houve o propósito de buscar a realização mútua, há que se criar constantemente, ainda que informalmente, uma agenda comum, na qual o casal possa pensar e realizar sonhos comuns.

Quantas vezes os casais afirmam que não têm tempo para ficar juntos: passear, namorar ou mesmo conversar despretensiosa e descontraidamente. Sem a preocupação de estabelecer regras e normas inquebrantáveis e torturantes, é muito salutar o hábito de cultivar objetivos e criar planos para atingi-los. Canalizar energias e envidar esforços para atividades conjuntas não só se aplicam para evitar as eventuais crises como também são fundamentais para construir um relacionamento duradouro e realizador.

Expressar o sentimento pelo outro com palavras ou com gestos de carinho, reviver os bons momentos que a convivência já proporcionou, valorizar as qualidades do outro e conversar sempre, sobre o relacionamento, sobre coisas do cotidiano de cada um, sobre os acontecimentos do mundo, enfim, sobre todo e qualquer assunto. Isso aumenta a confiança, o conhecimento, a cumplicidade, o interesse e a vontade de estar ainda mais perto do outro, tira do relacionamento o comodismo e a indiferença que distancia e motiva para um relacionamento altruísta que aproxima e valoriza o estar juntos. Enfim, por meio de pequenos gestos, como um olhar, um abraço, uma gentileza, um momento a sós, uma oração, revitaliza-se o relacionamento, fortalece-se o amor e constrói-se a felicidade.

Para praticar:

1) Definam atividades que agradem a ambos e que possam praticar ocasionalmente, como assistir a um filme, programar uma saída, uma viagem, entre outras;

2) Conversem constantemente sobre as carências e os pontos de interesse um do outro.

Dar tempo para os filhos

> "Enquanto tentamos ensinar aos nossos filhos tudo sobre a vida, nossos filhos nos ensinam o que é a vida."
>
> (Angela Schwindt)

Os filhos chegaram, e agora?

Em muitos casos, os filhos são gerados antes do tempo planejado; em outros, no momento que se esperava; e, ainda, em outros, eles demoram para chegar, bem mais do que se previa. Mas, independentemente do tempo, quando chegam, esses "serezinhos" tão indefesos são capazes de mudar completamente a rotina do casal.

Dessa forma, a sensação de euforia conjugada com a preocupação, desde a hora em que se descobre a gravidez, é capaz de atrair todas as atenções para o desenvolvimento da nova pessoa que, hoje, graças à tecnologia, pode ser acompanhada em todas as suas fases.

Desde a primeira vez em que se vê um minúsculo conjunto de células que o ultrassom interpretou como um coração pulsando, até o momento em que o filho se revela por inteiro com o nascimento, muitas dúvidas passam pela cabeça dos pais e são objetos de reflexões, angústias e sonhos. Mas o desafio está apenas no início. Se é gratificante participar do projeto de geração biológica ou do gesto nobre de adoção, muito mais será o acompanhamento e a dedicação que um filho requer no cotidiano.

Inclusive, muitos pais reclamam da limitação de convívio com os filhos em razão de outras demandas, como atividade profissional, afazeres domésticos e tantos outros compromissos que tomam todo o tempo. Entretanto, quando estão em casa, deixam-se absorver por redes sociais, noticiários, séries, novelas e outras distrações que consomem momentos preciosos que poderiam ser direcionados para o descanso e para o aprofundamento da relação com eles. Buscar o equilíbrio em situações como essas, por certo, não constitui tarefa simples, porém, não serve de atenuante ou de justificativa para a omissão. Filho necessita de tempo, não só no aspecto de quantidade de horas como também no de qualidade do convívio. São nesses momentos de interação que se afirmam valores, transmitem-se conhecimentos e vivencia-se o amor.

Claro que não se deve sentir culpa por não conseguir dedicar o tempo que se pretendia à família, mas também não é adequado arrumar desculpas para não estar presente nos momentos importantes, por não envolver os filhos nas atividades cotidianas, não criar projetos para trabalharem juntos, não procurar ouvir as necessidades deles. O tempo dedicado aos filhos, além de melhorar a relação com os pais, aumenta a autoestima das crianças, permite realmente a compreensão dos papéis de cada membro na família, ensina o respeito e a autoridade, contribui no desempenho escolar e transforma os filhos em adultos confiantes e seguros. Mas dar tempo para os filhos não é somente ficar com eles, mas sim, sobretudo, demonstrar que são importantes, que pertencem ao grupo familiar, no qual podem confiar totalmente. Isso é possível demonstrando afeto, tratando com carinho, expressando amor, colocando-se à disposição e estabelecendo uma relação de autoridade, mas, ao mesmo tempo, de respeito e confiança.

Cada família é única e, em consequência, tem de buscar a melhor forma de adaptar-se às realidades que se apresentam. Muitas, entretanto, em resposta às demandas pessoais ou profissionais, acabam por delegar a educação dos filhos a terceiros; por vezes, aos avós, às babás e à escola. Mas é preciso diferenciar a necessidade de ter alguém para auxiliar nos cuidados e no aprendizado dos filhos da omissão ao papel de pai ou de mãe. O fato de ter alguém em que se possa confiar a atenção aos filhos não é prejudicial à formação e ao estabelecimento de relacionamentos sadios e realizadores. O problema surge quando há acomodação dos pais, que acabam negligenciando a nobre missão de educar, acompanhar, motivar, enfim, desempenhar o papel que somente a eles compete. O que se deve buscar sempre é o fortalecimento do vínculo de amor e a confiança entre pais e filhos.

Para praticar:

1) Busquem interação com seus filhos, respeitando as fases de cada idade, e esforcem-se para adquirir a confiança total deles;

2) Envolvam, tanto quanto possível, os filhos em atividades de lazer, como viagens, esportes e outras.

Alimentar pensamentos positivos

> "Mantenha seus pensamentos positivos, porque seus pensamentos tornam-se suas palavras. Mantenha suas palavras positivas, porque suas palavras tornam-se suas atitudes. Mantenha suas atitudes, porque suas atitudes tornam-se seus hábitos."
> (Mahatma Gandhi)

O mundo é carente de pessoas boas, que tenham bons pensamentos, que pronunciem palavras de afeto, que respeitem o outro e que tenham atitudes que contribuam para transformar nossa realidade para melhor; que alimentem pensamentos, palavras e, principalmente, ações positivas; que acolham com alegria, sorriam com sinceridade e que promovam a paz e a esperança; que pensem no próximo, aproximem uns dos outros e que busquem estar mais perto de Deus e dos irmãos.

Além do mais, as famílias que alimentam pensamentos e atitudes positivas nutrem o amor mútuo e contribuem para uma vida mais harmoniosa e feliz, colaborando para a construção de uma sociedade mais humana. Pensamentos positivos eliminam o comodismo, alimentam atitudes de bondade e transformam a vida daqueles com quem se convive. A família deve comprometer-se a viver o amor sem egoísmo e "amar o próximo como a si mesmo", assumindo a responsabilidade por suas ações e afastando-se de tudo aquilo que faz mal ou prejudique os outros. Muitas pessoas compartilham exemplos, frases e até mesmo atitudes positivas nas redes sociais. Isso é bom, porque possibilita ao outro uma leitura útil, por vezes um momento de reflexão e até incentivo para uma mudança de vida. Mas é muito pouco. Não se pode ficar apenas no compartilhamento. Há que se transformar as palavras ou mensagens compartilhadas em ações que verdadeiramente mudem a forma de viver e se relacionar com Deus, com o próximo e com os bens materiais. Só é possível transformar a vida por meio do exercício diário de pensamentos, palavras e ações que transmitam esperança, fé e amor.

Assim, cultivar pensamentos positivos é o primeiro passo para mudar o mindset ou, simplesmente, nosso interior e adotar atitudes e comportamentos que transformem a sua vida e a das pessoas ao seu redor. Mas para mudar nosso interior (o mindset) é requerido: comprometer-se com a verdade, com o ambiente em que se vive, com as pessoas, bem como propagar a justiça e a paz para todos. Atitudes positivas passam necessariamente por um pensar diferente, assim como por um falar, um agir e um viver respeitoso a cada um, como verdadeiro filho de Deus.

Logo, mudar o interior significa controlar as emoções dentro e fora do lar, para melhorar as relações, fortalecer os laços de amor na família e, consequentemente, compreender melhor as emoções e as dificuldades dos irmãos, e trabalhar a mente e o coração para a prática de valores fundamentais como, ética, partilha, aceitação, humildade, perdão, oração e vivência comunitária. Pensamentos e atitudes positivas são frutos do que se vive e do que é partilhado na família. Quanto mais seguro e aconchegante for o ambiente familiar, mais convívio, mais pensamentos positivos se transformam em boas ações colocadas em prática diariamente, modificando as pessoas e a sociedade.

Para praticar:

1) Em tempos de comunicação instantânea e informações de toda natureza, sejam seletivos e críticos com o que assistem, leem ou escutam;

2) Analisem se no seu círculo de amizades não há pessoas negativas que carecem de um cuidado maior na convivência.

Praticar o bem

> "A gratidão de quem recebe um benefício
> é bem menor que o prazer daquele de quem o faz."
> (Machado de Assis)

Fazer o bem tem uma relação muito estreita com o amor e a empatia que sentimos pelo próximo. É a capacidade de colocar em prática os pensamentos positivos, de mudar nossas atitudes pela vivência do amor verdadeiro, fundamentado no amor de Deus, e de dar sentido às ações concretas do cotidiano.

Ser altruísta, muito mais do que confortar o outro, nos leva à certeza de que nossa existência pode ser revestida de significado e, por isso mesmo, plena e realizadora, bem como a termos consciência de que, embora imperfeitos ou frágeis, pelas nossas atitudes e escolhas, nos tornamos úteis e preciosos aos olhos de Deus.

Assim, o aprendizado do lar faz toda diferença em nossa conduta no meio social. Se vivemos em um ambiente amistoso, onde os gestos de estímulo, suporte, empatia e ajuda mútua são constantes, por certo, vamos espelhar esses comportamentos em qualquer espaço em que nos façamos presentes.

Logo, praticar o bem passa pelo aspecto material, pois são incontáveis as pessoas necessitadas que nos rodeiam e, por vezes, nossos olhos teimam em não as enxergar. Um olhar mais detalhista, pautado pela caridade, pode nos abrir o coração e o bolso em um gesto concreto de doação.

Tão importante quanto o aspecto material, a prática do bem se reconhece pelo aspecto comportamental. Concretiza-se em atitudes de respeito às opiniões divergentes, de estímulo às iniciativas alheias, de consolo em momentos de dor ou sofrimento, e na prática do amor sem restrição ou julgamento, contribuindo para que o outro encontre a alegria de viver.

Se nosso comportamento e nossas atitudes forem pautados no amor e na prática do bem, superaremos nossas dificuldades e nos transformaremos em pessoas melhores a cada dia; deixaremos um legado de amor e paz aos nossos familiares, amigos e para a sociedade e seremos lembrados não pelo que acumulamos, mas pelo bem que fizemos. E a resposta ao chamado de Cristo será sempre a prática do bem.

Portanto, o bem é praticado a partir de pequenas ações cotidianas, vai do cumprimento a pessoas que cruzam nosso caminho, até a doação de algo que pode ajudar alguém. Quando fazemos o bem, contribuímos para um mundo mais humano e mais justo e direcionamos nossas ações para o perdão, a compaixão, a caridade, a partilha e o amor aos irmãos, sem esperar retribuição. A prática do bem não muda somente a quem ajudamos, mas a nós mesmos, e é isso que muda o mundo.

Para praticar:

1) Reavaliem suas ações e, se necessário, alterem comportamentos que os impeçam de praticar o bem;

2) Assumam o compromisso de ajudar sua comunidade, com seu tempo ou materialmente.

Buscar harmonia

"Para se viver em harmonia com as pessoas, devemos
fazer parte da vida em conjunto, e não criar universos paralelos."
(Valéria Domanski de Medeiros)

Quando pensamos em harmonia, logo imaginamos um lar onde não há divergências de ideias, desentendimentos, conflitos, e onde as pessoas vivem em total concordância e, claro, sem problemas. Afinal, confunde-se muito conflito com desavenças, enfrentamentos e total falta de entrosamento, e se esquece de que o conflito deve ser encarado apenas como divergência de opiniões e ideias que podem e devem colaborar para o aprendizado, o respeito, a aceitação, a compreensão e o perdão. O conflito incita ao diálogo e à busca de soluções para os problemas pessoais e familiares e aumenta a interação.

A harmonia ou simplesmente o prazer que se sente por dividir um mesmo espaço ou ambiente não está na ausência de conflitos, mas sim na habilidade de lidar com eles e com as situações divergentes sem julgamentos e agressões. A paz se constrói a partir de pensamentos positivos, da prática do bem e da realização de pequenas coisas com amor e dedicação. A harmonia acontece quando se busca valorizar e respeitar os sentimentos e as atividades do outro; quando se compreendem e se assumem direitos e responsabilidades; quando se percebe que tudo o que é importante para um é importante para todos, valorizando estudo, trabalho, afazeres domésticos, momentos de lazer e outros, ou seja, apoiando e sendo apoiado para vivenciar experiências juntos.

Assim, a harmonia nunca será conquistada com a ausência de conflitos, mas sim pela procura constante de equilíbrio nas relações, que permite que se estabeleça vivência de paz com os familiares, com os amigos e com toda a comunidade. Sendo assim, qualquer ambiente pode ser harmonioso, desde que a convivência seja com liberdade e respeito a cada um; ambiente onde qualquer assunto pode ser motivo de aprendizado, de partilha de ideias e ideais e de entrosamento. Onde existe harmonia, prevalece o amor, sentimentos de colaboração, clima de alto-astral e espaço para que cada um demonstre os próprios sentimentos sem medo, com total confiança e com a certeza de que pode ser ele mesmo.

Para praticar:

1) Não esperem pelo outro, mas deem o primeiro passo sempre que precisarem resolver algum conflito no lar;

2) Exercitem sempre a tolerância e o perdão em família.

Valorizar as amizades

> "Amigo é aquele que ajuda o outro a descobrir que tem asas, que voa junto e que segura o outro quando a asa quebra e acontece uma queda."
> (Larissa Bittencourt)

Em tempos de avanço das relações digitais, em que somos capazes de nos conectar com muitas pessoas ao mesmo tempo e do mundo todo, conquistar ou construir amizades que propiciem interação, contato e afetos é um desafio a ser enfrentado com determinação. Isso implica uma série de requisitos que nem sempre as pessoas estão dispostas a cumprir e que os contatos digitais, por serem efêmeros ou descompromissados, não exigem. Muitas vezes, um contato que poderia ser transformado em uma amizade duradoura fica pelo caminho por falta de investimento de tempo, de interesse, cuidado e partilha.

Em um mundo cada vez mais fechado e individualista, só se descobre o valor da amizade quando se tem amigos de verdade. Só se edificam amizades quando nos dispomos a abrir, inicialmente, a porta de casa para receber fisicamente o outro e, a partir daí, abrir o coração e a mente para propiciar uma integração na qual as convergências de ideias são potencializadas e as divergências de pensamento, muito mais do que respeitadas, resultem em crescimento mútuo.

Alguns posts replicados exaustivamente nas redes sociais afirmam que não existem amigos, mas apenas pessoas com interesses escusos. Isso, muito mais do que retratar uma realidade ou divulgar uma constatação, pode estar, também, refletindo conceitos distorcidos e generalizando situações resultantes de frustrações ou decepções.

Outros posts ainda dão a entender que todos os supostos seguidores de alguém são amigos, quando, na verdade, são apenas pessoas que, por um interesse comum qualquer, o "seguem" e, por isso, visualizam as suas postagens. Mas é importante termos a certeza de que amigos existem sim, e as boas amizades fazem toda diferença ao longo da vida das pessoas e das famílias. Contudo, as verdadeiras amizades são construídas a partir de contato e interação, que exigem aceitação, tolerância, respeito e muita partilha, em que pessoas se encontram para conversar, divertir-se e, claro, construir relacionamentos saudáveis e duradouros.

Para praticar:

1) Cultivem as amizades atuais, não as deixando esfriar por falta de um contato, um convite, uma mensagem ou uma visita;

2) Tomem a iniciativa de ir ao encontro de outros e de fazer novas amizades.

Buscar momentos de lazer

"O bom humor, a risada, o lazer, a alegria recuperam a saúde e trazem vida longa. A pessoa alegre tem o dom de alegrar o ambiente em que vive. O bom humor nos salva das mãos do doutor. Alegria é terapia."
(Drauzio Varella)

A sensação generalizada é de que estamos todos cada vez mais ocupados, mais estressados e, consequentemente, com mais problemas emocionais e familiares. A vida atual está marcada por um ritmo frenético, no qual cada um tem agenda própria desde tenra infância. Os pais, na ânsia de prover o sustento e na busca de uma vida financeira mais equilibrada, em que possam oferecer e desfrutar de maior conforto, acabam assumindo sucessivos compromissos, não deixando sobrar tempo para o descanso e a interação em família. Na legítima preocupação com o futuro dos filhos, por vezes exageram na procura por atividades complementares que preencham o tempo e contribuam com a própria formação, mas isso, não raro, pode levar à exaustão e ao estresse doentio.

Por sua vez, os filhos mais crescidos buscam atividades próprias, com a "galera", que melhor representem sua idade, seus interesses e desafios. E, assim, passam os dias, as semanas, os meses, e não se encontra tempo para o lazer em família.

Entretanto, quando se propõe o lazer, não se imagina que os pais deixem de lado os afazeres do cotidiano e tampouco os filhos deixem de ir à escola ou a algum lugar importante para seu desenvolvimento, para praticar atividades que demandem tempo considerável. Isso tem muito mais a ver com a administração do tempo, a fim de que as obrigações sejam cumpridas e sobre espaço para descontração e interação. Nessa busca pelo lazer, vale uma caminhada ao ar livre, uma corrida no parque, assistir a um filme, dar um passeio, fazer uma brincadeira qualquer; enfim, o que couber no orçamento e o que surgir da criatividade de cada um, a fim de desfrutar de algum tempo para o relaxamento e a descontração em família.

Para praticar:

1) Reservem os finais de semana para se aproximar mais dos filhos, com atividades lúdicas, interativas ou ao ar livre;

2) Criem um ambiente respeitoso, mas descontraído, no lar, onde todos possam expressar-se por meio de brincadeiras e atividades de humor.

Dar atenção às pequenas coisas

"O hábito de prestar atenção a pequenas coisas e de dar valor a pequenas cortesias é uma das marcas importantes de uma pessoa boa."

(Nelson Mandela)

O ambiente familiar pode ser descontraído, bem-humorado, leve, agradável, onde todos gostem de estar, ou, por outro lado, pode ser rancoroso, pesado, triste. Isso depende da forma como cada um encara os acontecimentos e as dificuldades. Normalmente, damos valor aos grandes eventos, como casamento, nascimento, compra de uma casa, morte, entre outros, e nos esquecemos de apreciar as pequenas coisas do cotidiano, afinal, parece que não são tão relevantes.

Dar atenção às pequenas coisas é exatamente valorizar gestos e atitudes que, por serem corriqueiros, passam despercebidos por todos. Um cumprimento com alegria, um beijo carregado de carinho, um afago, uma ajuda nos afazeres domésticos, um gesto de gentileza, tudo isso pode representar muito no cotidiano da família.

Não se pode imaginar que as pessoas sejam videntes ou sintam o que está em nosso coração, ou ainda que compreendam o que um gesto ou o silêncio quer dizer. As palavras são fundamentais para o entrosamento. Uma palavra dita com serenidade, um agradecimento pelas pequenas atitudes são demonstrações de amor que fazem toda a diferença dentro do lar e que contribuem para a valorização de cada um. Dizer "sinto muito", "obrigado", "por favor", "eu te amo" são expressões que demonstram o quanto o outro é importante. Mas dizer, também, "preciso de ajuda", "não estou bem", "eu gostaria de..." são formas de expressar os sentimentos, minimizar os desentendimentos e evitar mágoas.

Não são os grandes acontecimentos que unem ou desagregam as famílias, porque nesses momentos todos se voltam para tomar resoluções, para se fortalecer ou para se alegrar. São as palavras não ditas ou ditas de forma grosseira e inoportuna e os gestos não realizados ou não valorizados que vão minando o relacionamento tanto do casal como o familiar, afastando as pessoas.

Para praticar:

1) Habituem-se a pequenos gestos de gentileza, como oferecer ajuda, mostrar preocupação e elogiar;

2) Fiquem atentos ao humor das pessoas, às suas dificuldades e aos seus anseios cotidianos.

Usar a tecnologia com equilíbrio (mídias sociais)

> "A única coisa real é que o mundo virou virtual:
> a solidão conectada."
> (Reinaldo Marchesi)

As pessoas estão cada vez mais interligadas por meio do Facebook, WhatsApp, Linkedin, Instagram, Telegram, TikTok e de tantas outras mídias que conectam a inúmeros relacionamentos "virtuais", mas ao mesmo tempo tiram a possibilidade de conexão em relacionamentos reais. No entanto, apesar dos apelos impostos por essas ferramentas para os relacionamentos rápidos, superficiais, descomprometidos, ainda é possível a vivência em família, a dedicação à Igreja e à comunidade e a atenção ao outro. Mesmo com a prevalência do apelo tecnológico é possível formar famílias com objetivos comuns de crescer no amor, na fé, na capacidade intelectual e profissional e, principalmente, nas atitudes que tornam o ser humano melhor. Ainda é possível relacionamentos comunitários e conectados por valores que aproximam de Deus e dos irmãos.

Não se quer dizer aqui que a tecnologia e as mídias sociais em si sejam ruins, mas é preciso questionarmos qual é o espaço que isso tudo ocupa em nossas vidas, para também questionarmos o espaço que as pessoas "de carne e osso" ocupam e o espaço que Deus ocupa em nossa vida e no relacionamento familiar; questionarmos se essa superficialidade das mídias sociais não está invadindo demais a vida das pessoas, aumentando o egoísmo e distanciando-as; questionarmos se valores importantes para a construção do indivíduo e das famílias, como amor, respeito, diálogo, amor a Deus e ao próximo, e outros apresentados neste livro, não estão sendo esquecidos ou relegados a segundo plano.

As pessoas estão se ocupando tanto com as redes sociais e os celulares que não sobra tempo para o contato físico com a família, os amigos e a comunidade, nem para ler um bom livro, para orar e refletir sobre as coisas da vida. Tantas coisas pessoais são compartilhadas nas mídias, mas não se tem tempo para partilhar experiências reais de vida, aumentando o grau de ansiedade e estresse pessoal, conjugal e familiar.

Consequentemente, em um mundo cada vez mais conectado, as redes sociais e a internet acabam estimulando, induzindo e até mesmo ditando as normas de convivência. Algumas até têm um efeito duradouro, mas grande parte é descartável, perdurando até o surgimento de novos "influenciadores", com novas "dicas" comportamentais. A facilidade de conectar-se e desconectar-se virtualmente está influenciando os relacionamentos reais, ou seja, com a mesma rapidez que nos desconectamos de uma rede social, podemos nos desconectar das pessoas e da família.

Logo, essa busca frenética pelas novidades das redes afeta diretamente a convivência, reduzindo o tempo de diálogo e prejudicando o tempo de confraternização. Esse viver conectado à tecnologia reduz o tempo de ir à igreja, acaba com os momentos de oração e reflexão individual e em casal, elimina a disposição de receber ou de visitar um amigo em casa e até mesmo rouba as oportunidades de um passeio ao ar livre e de conectar-se com a natureza e consigo mesmo. No curto prazo isso parece irrelevante, mas, com o passar do tempo, distancia as pessoas, aumenta o grau de intolerância em relação ao outro e mina os relacionamentos.

Entretanto, a tecnologia está aí e deve ser utilizada com sabedoria e equilíbrio. A família cristã tem a missão, também, de utilizar os meios digitais para influenciar o comportamento e aproximar de verdade as pessoas. À medida que vive a plenitude do amor, que defende os valores do Evangelho e que partilha esses valores, ela transmite o amor de Deus a todos e utiliza a tecnologia para fazer o bem.

Para praticar:

1) Combinem momentos de refeição em família, sem TV e sem celular, por pelo menos duas horas;

2) Marquem encontros com amigos, desafiando-os a não usarem o celular.

Ajudar na realização do outro

> "Intimidade não é sobre tempo, é sobre intensidade, conexão forte, disposição e interesse... É saber olhar e realmente enxergar o outro."
> (Victor Fernandes)

Cada integrante da família é único, com sua aparência física, sua personalidade, seu modo de ser e, principalmente, com seus sonhos e projetos. Com essa diversidade em um mesmo lugar, dividindo o mesmo espaço físico, é primordial o respeito à individualidade de cada um. Mas somente respeitar a individualidade não é suficiente, afinal, todos têm anseios e buscam a realização pessoal e profissional de acordo com suas habilidades e expectativas.

Quando há integração e cumplicidade, muito mais do que torcer pelo sucesso do outro, busca-se apoiar, estimular e, sempre que possível, contribuir para a realização do outro. Não se trata, obviamente, de tentar conduzir o outro, projetando nele sua própria realização, mas de demonstrar, por meio de palavras e atitudes, o quanto as conquistas dele são importantes e de fazê-lo compreender que a vida não é feita apenas de vitórias, mas que, nos momentos de frustração, existe o acolhimento e a força necessária para seguir em frente.

Quando se trata de casal, respeitadas as individualidades, é importante que ambos construam projetos conjuntos, em que haja identidade de propósitos e forma de realização a dois. Se assim for, fica muito mais simples canalizar recursos financeiros, tempo, prioridades, enfim, todos os esforços nessa direção. Entretanto, mesmo os projetos pessoais, para serem viabilizados, exigem partilha e diálogo como forma de crescimento para o casal. Por vezes, em função da situação financeira, de compromissos profissionais, dos filhos que exigem um cuidado maior ou de qualquer outro fator limitante, o casal é instado a refletir e, após analisar todos os prós e contras, a tomar a decisão que melhor atenda os anseios da família. Isso pode implicar escolha, priorização e eventualmente até renúncia ou redefinição de projetos. O importante é que a decisão seja consciente e conjunta para não agravar frustrações. Às vezes, adiar um projeto para a realização do outro pode ser gratificante para ambos. O que vale mesmo é que cada um entenda o seu papel na família e que ambos trabalhem juntos para a realização um do outro.

Para praticar:

1) Dialoguem sobre seus anseios e vejam como contribuir para a realização um do outro;

2) Criem projetos, por menores que sejam, para realizarem em conjunto.

Dividir tarefas

"Além das vantagens práticas de dividir as tarefas de casa quando ambos os parceiros contribuem juntos para o trabalho doméstico, cria-se uma compreensão melhor entre o casal e a base para o respeito e apoio mútuos. Fica a dica: família, investimento precioso."
(Pe. Zaqueu Medeiros)

Administrar um lar exige esforço e coparticipação de todos os envolvidos, e as tarefas cotidianas podem constituir meio de crescimento ou foco de atrito.

Há muito se fala da jornada dupla da mulher que trabalha fora e responde pela maioria dos serviços domésticos. Mesmo com um crescimento significativo da participação do homem nas gerações mais novas, ainda é comum ver situações em que o homem, além de não participar diretamente na execução das tarefas, ainda faz cobranças que levam a uma sobrecarga maior da esposa, ou seja, embora os homens tenham passado a colaborar mais em casa, é fundamental o comprometimento de ambos na condução do lar. Há que se diferenciar concretamente colaboração de comprometimento. Colaborar é efetuar uma ou outra tarefa aleatória ou esporadicamente. Comprometer-se é dividir o todo, é envolver-se de forma igualitária, aproveitando as aptidões de cada um.

Outro erro bastante comum, e esse, ao contrário, está em crescimento, é a superproteção dos filhos, que pode ser constatada em muitas famílias. Consciente ou inconscientemente, muitos pais poupam os filhos de todo e qualquer trabalho em casa, acreditando que essa postura lhes será útil, protegendo-os das dificuldades do cotidiano e na certeza de que haverá reconhecimento por todo o esforço empregado e que, com isso, eles acumularão gratidão. Mero engano. Se o filho não é instado a envolver-se, está sendo privado de aprender valores importantes como: colaborar, assumir responsabilidades, cuidar do ambiente, valorizar o trabalho, respeitar os momentos de lazer do outro e, principalmente, integrar-se nas atividades da família. Não se trata, e isso tem que ficar bem claro, de exploração de menor ou de trabalho infantil, uma vez que devem ser plenamente respeitados a idade de cada um, a necessidade de descanso, o tempo de estudo, o tempo de lazer. Trata-se, isso sim, de oportunizar maior crescimento e de preparar melhor os filhos para enfrentar as demandas fora da família e um futuro relacionamento mais comprometido e recompensador.

Para praticar:

1) Avaliem a participação de cada um nas tarefas domésticas e, se houver sobrecargas, tentem dividir mais equitativamente as atividades;

2) Analisem o comportamento dos filhos e, se for o caso, com carinho, mas com firmeza, proponham maior participação por parte deles.

Valorizar a vivência da sexualidade

"A sexualidade é um componente da boa saúde, inspira a criação e é parte do caminho da alma."
(Isabel Allende)

Viver a sexualidade de forma equilibrada é um grande desafio para todo casal. A sexualidade é muito mais do que simplesmente união de corpos. Ela passa por intimidade, afetividade, fidelidade, doação integral e amor puro e verdadeiro. O casal é convidado a vivenciar o aspecto unitivo e o aspecto procriativo do Matrimônio. O aspecto unitivo é um convite a deixar o que se viveu e unir-se ao outro, tornando-se uma só carne. O aspecto procriativo é um convite à vida. Aceitando que a sexualidade é um ato de total entrega um ao outro e a Deus, ao unirem-se no amor e por amor, aceitam contribuir para a criação por meio da geração dos filhos.

Desse modo, são duas pessoas com características físicas e psicológicas muito diferentes, mas que, pelo amor-doação, se complementam por meio da sexualidade. Cada um, com suas realidades e fragilidades, é chamado a desenvolver intimidade física e emocional e a sentir o pulsar do coração e da alma um do outro. A sexualidade vivida na dimensão do amor traz a verdadeira alegria, pois, muito mais do que compartilhar corpos, o casal compartilha sentimentos e vida.

É impossível, para qualquer casal, a vivência plena da sexualidade se o relacionamento tiver sido construído na superficialidade, quando não há comprometimento integral com a pessoa do outro. Quanto mais íntimos um do outro, mais confiantes se sentirão com respeito aos sentimentos e à fidelidade, e mais maduro será o relacionamento sexual e, consequentemente, mais prazeroso e construtivo. Essa construção se dá por meio da busca constante de conhecer-se individualmente como pessoa e de conhecer o outro, amadurecendo e aprendendo na doação diária a viver de forma equilibrada como casal, como família e como filho de Deus.

Logo, a sexualidade é dimensão humana, mas, também, divina. Quando vivida na dimensão humana, valoriza-se o ato físico e a beleza exterior; já quando vivida na dimensão divina, valorizam-se a essência e a doação integral. Dessa forma, a vivência da sexualidade torna-se a energia necessária para que o casal tenha forças para superar as dificuldades do cotidiano e, abastecidos pelo amor um do outro, para construir juntos relacionamentos mais felizes e realizadores.

A sexualidade é gratificante pela vivência da dignidade de cada um como pessoa humana e pela valorização de si mesmo e do outro, contribuindo para a melhoria, em todos os aspectos, do relacionamento do casal.

Para praticar:

1) Conversem sobre sexualidade e sobre a realização de cada um;

2) Criem ambientes físicos e psicológicos para que a vivência sexual seja satisfatória.

Lidar com as adversidades

"Se não tivéssemos inverno, a primavera não seria tão agradável; se não experimentássemos algumas vezes o sabor da adversidade, a prosperidade não seria tão bem-vinda."

(Anne Bradstreet)

Aprender a lidar com as adversidades é compreender que, no relacionamento familiar, existem muitos momentos de alegria, mas também de tristeza. Assim como as estações do ano, que se dividem em outono, inverno, primavera e verão, os relacionamentos também podem ter períodos floridos, escuros, chuvosos, de calor e de frio.

Seria perfeito se a vida familiar se assemelhasse à primavera, quando tudo é belo e florido. Mas, se não fosse o inverno, veríamos com o mesmo olhar as flores da primavera?

No cotidiano, seja de trabalho, de estudo, de afazeres em casa, de vivência em comunidade, alternamos dias de "inverno" e dias de "primavera". Toda família, por mais otimista que seja, se depara com situações que, apesar do esforço e da luta, não têm o resultado esperado. Por mais fé e esperança que se possa cultivar, não é raro haver momentos em que a dúvida e a incerteza amarguram o coração e dificultam o relacionamento.

Quando olhamos para nossos relacionamentos conjugais, nossas famílias e grupos de amigos, por mais harmônicos que sejam, em dados momentos o que se destacam são as divergências e os cesentendimentos. Isso acontece porque somos humanos e, como tal, sujeitos a "altos e baixos" e, em maior ou menor grau, somos afetados pelos fatos e acontecimentos que nos rodeiam.

Portanto, a chave de ouro está em aceitar as adversidades da vida e encontrar motivação para passar bem pelos momentos "frios e escuros", para podermos apreciar melhor os momentos de "luz e calor". O equilíbrio acontece quando compreendemos que somos diferentes e únicos ao mesmo tempo, partilhando a mesma casa, construindo sonhos individuais e coletivos e buscando, juntos, oportunidades de crescimento em direção uns dos outros e em direção a Deus.

Para praticar:

1) Listem as adversidades e os desafios e busquem juntos formas de enfrentá-los. Pensem nas adversidades como oportunidades de crescimento;

2) Não deixem que pequenos fracassos passem a ditar o ritmo de sua vida e da vida do casal.

Cristo como modelo

"Concede, Senhor, que eu bem saiba se é mais importante invocar-te e louvar-te, ou se devo antes conhecer-te para depois te invocar!"
(Santo Agostinho)

O verdadeiro cristão procura sair de si mesmo e olhar mais para o outro; rompe a passividade e o comodismo e age para tornar a vida do próximo melhor. Ser cristão é ouvir o chamado do próprio Cristo, que nos convida a anunciar a Boa-Nova. Por vezes não entendemos o recado e nos omitimos; outras vezes, não nos julgamos preparados e renunciamos à missão, e em tantas outras ocasiões nem sequer o escutamos.

Somente quando compreendermos a nobreza de nossa missão de ajudar o outro e a importância de agirmos positivamente ao chamado de Cristo é que construiremos famílias felizes. Para fazermos a diferença no mundo, é necessário conhecer a Cristo, colocá-lo como modelo de vida e depois levá-lo aos outros. Ter Cristo como modelo é vivê-lo nas pequenas coisas do cotidiano da família e fazer a diferença no mundo:

- Ver Cristo no próximo, sem distinção (no pobre, no necessitado, no doente, no idoso);

- Levar a mensagem de amor e paz em tudo que realizamos, por meio de gestos e atitudes;

- Ajudar a aliviar a dor dos que sofrem (com auxílio material, com nossa presença, com nosso carinho);

- Orientar os que não descobriram o caminho do bem (com nossas palavras e nosso exemplo);

- Tornar vivo o Evangelho dentro e fora do lar, com atitudes de amor e perdão;

- Olhar o mundo com otimismo e ser forte nos momentos de provação;

- Usar palavras que alegrem a vida das pessoas;

- Entusiasmar-se pelo sucesso dos outros como se fosse nosso;

- Acreditar, pensar sempre no melhor, esperar sempre o melhor e buscar o melhor;

- Superar os erros do passado. Viver o presente. Construir o futuro.

Colocar Cristo como modelo e tomar nossa cruz diária com amor e fé é compreender que somos missionários de boas-novas e contribuir para que o amor de Deus chegue até os outros por meio do testemunho de fé, perdão, esperança e caridade. Portanto, colocar Cristo como modelo é descobrir, aceitar e fazer a vontade de Deus.

Para praticar:

1) Orem constantemente, agradecendo a Deus pelas conquistas e pedindo forças para enfrentar os desafios;

2) Busquem conhecer mais a Cristo, colocando-se a serviço da comunidade.

Conclusão

Muito mais do que buscar conceitos filosóficos ou definições técnicas de família, este livro foi inspirado na vivência em família e no trabalho pastoral dos autores, com a pretensão apenas e tão somente de chamar as pessoas a refletirem sobre essa importante instituição existente na sociedade.

Sabe-se que a realização pessoal e familiar se constrói com pensamentos e ações que vão em direção ao outro, com atitudes cotidianas que fazem a diferença no ambiente familiar e com comportamentos que, uma vez aprendidos na família, são reproduzidos em escala maior nos espaços de convivência, influenciando e transformando realidades.

Ao longo dos textos, foram sugeridos questionamentos e reflexões, bem como incentivadas práticas que podem ser aplicadas individualmente, em casal, por aqueles que buscam maior entrosamento, em família, para quem almeja uma maior integração entre seus componentes, e em grupos de estudos de agentes pastorais, que se incumbem da importante missão de valorizar a participação das famílias no âmbito das comunidades. Sem abrir mão dos valores cristãos, fundamentais para a estruturação da família na visão dos autores, em tempo algum foi ditado um padrão de comportamento ou imposto um conjunto de regras infalíveis, porque efetivamente nem um nem outro subsistem ao longo do tempo em uma sociedade em transformação. Foi, isso sim, em todos os textos, incentivada a análise crítica de comportamentos individuais, como casal e em família, com o único e claro objetivo de destacar a responsabilidade de cada um na construção de relacionamentos sólidos e duradouros, a fim de que os integrantes do núcleo familiar possam ser autênticos e encontrem espaço para sua realização.

Portanto, o sentimento mais vezes traduzido em palavras neste livro, propositadamente, é o amor e as suas diversas formas de expressão e dimensões. Desde o amor a si próprio, ponto de partida para a autoaceitação, passando pela escolha e pela dedicação a outra pessoa, sendo desafiado no ambiente familiar, expandindo-se para a vivência e a partilha em comunidade e culminando na sua mais nobre forma de ser, na sua origem incontestável, que é o amor a Deus.

Oração à Sagrada Família

Jesus, Maria e José,
em vós contemplamos
o esplendor do verdadeiro amor,
confiantes, a vós nos consagramos.
Sagrada Família de Nazaré,
tornai também as nossas famílias
lugares de comunhão e cenáculos de oração,
autênticas escolas do Evangelho
e pequenas igrejas domésticas.
Sagrada Família de Nazaré,
que nunca mais haja nas famílias
episódios de violência, de fechamento e divisão;
e quem tiver sido ferido ou escandalizado
seja rapidamente consolado e curado.
Sagrada Família de Nazaré,
fazei que todos nos tornemos conscientes
do caráter sagrado e inviolável da família,
da sua beleza no projeto de Deus.
Jesus, Maria e José,
ouvi-nos e acolhei a nossa súplica.
Amém.

(Papa Francisco, Amoris Laetitia, n. 325)